中·华·冰·雪·文·化·图·典·

青藏高原山水文化

洛桑·灵智多杰　李作泰　著

学苑出版社

图书在版编目（CIP）数据

青藏高原山水文化 / 洛桑·灵智多杰，李作泰著 . —北京：学苑出版社，2024.1

（中华冰雪文化图典 / 张小军主编）

ISBN 978-7-5077-6522-9

Ⅰ.①青… Ⅱ.①洛…②李… Ⅲ.①青藏高原—山—文化研究②青藏高原—水—文化研究 Ⅳ.① K928.3 ② K928.4

中国版本图书馆 CIP 数据核字（2022）第 243066 号

| 出 版 人：洪文雄
| 责任编辑：杨 雷　张敏娜
| 编　　辑：李熙辰　李欣霖
| 出版发行：学苑出版社
| 社　　址：北京市丰台区南方庄 2 号院 1 号楼
| 邮政编码：100079
| 网　　址：www.book001.com
| 电子邮箱：xueyuanpress@163.com
| 联系电话：010-67601101（营销部）、010-67603091（总编室）
| 印 刷 厂：中煤（北京）印务有限公司
| 开本尺寸：889 mm×1194 mm　1/16
| 印　　张：9
| 字　　数：130 千字
| 版　　次：2024 年 1 月第 1 版
| 印　　次：2024 年 1 月第 1 次印刷
| 定　　价：98.00 元

《中华冰雪文化图典》编委会

主　编： 张小军　洪文雄

副主编： 方　征　雷建军

编　委：（按姓氏笔画排序）

　　　　王卫东　王建民　王建新　王铁男　扎西尼玛
　　　　方　征　白　兰　吕　植　任昳霏　任德山
　　　　李作泰　李　祥　杨宇菲　杨福泉　吴雨初
　　　　张小军　单兆鉴　居·扎西桑俄　　洪文雄
　　　　洛桑·灵智多杰　高煜芳　郭　净　郭　磊
　　　　萧泳红　章忠云　梁君健　董江天　雷建军
　　　　潘守永

人类的冰雪纪年与文化之道（代序）

　　人类在漫长的地球演化史上一直与冰雪世界为伍，创造了灿烂的冰雪文化。在新仙女木时期（Younger Dryas）结束的1.15万年前，气候明显回暖，欧亚大陆北方人口在东西方向和南北方向形成较大规模的迁徙。从地质年代上，可以说1.1万年前的全新世（Holocene）开启了一个气候较暖的冰雪纪年。然而，随着工业革命以来人类对自然环境的破坏，"人类世（The Anthropocene）"概念惨然出现，带来了又一个新的冰雪纪年——气候急剧变暖、冰雪世界面临崩陷。人类世的冰雪纪年与人类活动密切相关，英国科学家通过调查北极地区海冰融化的过程，预测北极海冰可能面临比以前想象更严峻的损失，最早在2035年将迎来无冰之夏。197个国家于2015年通过了《巴黎协定》，目标是将21世纪全球气温升幅限制在2℃以内。冰雪世界退化是人类的巨大灾难，包括大片土地和城市被淹没，瘟疫、污染等灾害大量出现，粮食危机和土壤退化带来生灵涂炭。因此，维护世界的冰雪生态，保护人类的冰雪家园，正在成为全世界的共识。

　　中华大地拥有世界上最为丰富的冰雪地理形态分布，中华冰雪文化承载了几千年来博大精深的优秀传统文化，蕴含着人类冰雪文化基因图谱。在人类辉煌的冰雪文明中，中华冰雪文化是生态和谐的典范。文化生态文明的核心价值是人类与自然之间的文化多样性共生、文化尊重与包容。探讨中华冰雪文化的思想精髓和人文精神，乃是冰雪文化研究的宗旨与追求。《中华冰雪文化图典》是第一次系统研究中华冰雪文化的成果，分为中华冰雪历史文化、雪域生态文化和冰雪动植物文化三个主题共15本著作。

一

中华冰雪历史文化包括古代北方的冰雪文化、明清时期的冰雪文化、民国时期的冰雪文化、冰雪体育文化和中华冰雪诗画。

古代北方冰雪文化的有据可考时在旧石器时代晚期到新石器时代前期。在贝加尔湖到阿尔泰山的欧亚大陆地区，曾发现多处描绘冰雪狩猎的岩画。在青藏地区以及长白山和松花江流域等东北亚地区，也发现了许多这个时期表现自然崇拜和动植物生产的岩画。考古学家曾在阿勒泰市发现了一幅约1万年前的滑雪岩画，表明阿勒泰地区是古代欧亚大陆冰雪文化的重要起源地之一。关于古代冰雪狩猎文化，《山海经·海内经》早有记载，且见于《史记》《三国志》《北史》《通典》《隋书》《元一统志》等许多古籍。古代游牧冰雪文化在新疆的阿尔泰山、天山、喀喇昆仑山三大山脉和准噶尔、塔里木两大盆地尤为灿烂。丰富的冰雪融水和山地植被垂直带形成了可供四季游牧的山地牧场，孕育了包括喀什、和田、楼兰、龟兹等20多个绿洲。古代冰雪文化特有的地缘文明还形成了丝绸之路和多民族交流的东西和南北通道。

明清时期冰雪文化的特点之一是国家的冰雪文化活动，特别是宫廷冰嬉，逐渐发展为国家盛典。乾隆曾作《后哨鹿赋》，认为冰嬉、哨鹿和庆隆舞三者"皆国家旧俗遗风，可以垂示万世"。冰嬉规制进入"礼典"则说明其在礼乐制度中占有重要位置。乾隆还专为冰嬉盛典创作了《御制冰嬉赋》，将冰嬉归为"国俗大观"，命宫廷画师将冰嬉盛典绘成《冰嬉图》长卷。面对康乾盛世后期的帝国衰落，如何应对西方冲击，重振国运，成为国俗运动的动力。然而，随着国运日衰，冰嬉盛典终在光绪年间寿终正寝，飞驰的冰刀最终无法挽救停滞的帝国。

民国时期的冰雪文化发生在中国社会的巨大转型之下，尤其体现在近代民族主义、大众文化、妇女解放和日常生活之中。一些文章中透出滑冰乃"国俗""国粹"之民族优越感，另一类滑冰的民族主义叙事便是"为国溜冰！溜冰抗日！"使我们看到冰雪文化成为一种建构民族国家的文化元素。与之不同，在大众文化领域，则是东西方文化非冲突的互融。如北平的冰上化装舞会等冰雪文化作为一种日常生活的文化实践，在东方与西方、传统与现代、精英与百姓、国家与民众的文化并接过程中扮演了重要的角色，形成了中西交融、雅俗共赏、官民同享的文化转型特点。

近代中国社会经历了殖民之痛，一直寻求着现代化的立国之路。新文化运动后，舶来的"体育"概念携带着现代性思想开始广泛进入学校。当时清华大学、燕京大学、南开大学等均成立了冰球队，并在与外国球队比赛中取得不俗战绩。1949年新中国成立后，"发展体育运动，增强人民体质"成为"人民体育"发展的基本原则，广泛推动了工人、农民和解放军的冰雪体育，为日后中国逐渐跻身冰雪体育强国奠定了基础。

中华冰雪诗画是一道独特的风景线。早在新石器和夏商周时代，已经有了珍贵的冰雪岩画。唐宋诗画中诗雪画雪者很多，唐代王维的《雪中芭蕉图》是绘画史上的千古之争，北宋范宽善画雪景，世称其"画山画骨更画魂"。国家兴衰牵动许多诗画家的艺术情怀，如李白的《北风行》写出了一位思念赴长城救边丈夫的妇人心情："……箭空在，人今战死不复回。不忍见此物，焚之已成灰。黄河捧土尚可塞，北风雨雪恨难裁。"表达了千万个为国上战场的将士家庭，即便能够用黄土填塞黄河，也无法平息心中交织的恨与爱。

二

雪域生态文化包括冰雪民族文化、青藏高原山水文化、卡瓦格博雪山与珠穆朗玛峰。

中华大地上有着世界之巅珠穆朗玛峰和别具冰雪文化生态特点的青藏雪域高原；有着西北阿尔泰、天山山脉和祁连山脉；有着壮阔的内蒙古草原和富饶的黑山白水与华北平原；有着西南横断山脉。雪域各族人民在广袤的冰雪地理区域中，创造了不同生态位下各冰雪民族在生产、生活和娱乐节庆等方面的冰雪文化，如《格萨尔》史诗生动描述的青稞与人、社会以及多物种关系的文化生命体，呼唤出"大地人（autochthony）"的宇宙观。

青藏高原的山水文化浩瀚绵延，在藏人的想象中，青藏高原的形状像一片菩提树叶，叶脉是喜马拉雅、冈底斯、唐古拉、巴颜喀拉、昆仑、喀喇昆仑和祁连等连绵起伏的山脉，而遍布各地的大大小小的雪山和湖泊，恰似叶片上晶莹剔透的露珠，在阳光的照耀下熠熠生辉。青藏高原上物种丰富的生态多样性体现出它们的"文化自由"。人类学家卡斯特罗（E. de Castro）曾提出"多元自然论（multinaturalism）"，反思自然与文化的二元对立，强调多物种在文化或精神上的一致性，正是青藏高原冰雪文化体系的写照。

卡瓦格博雪山（梅里雪山）最令世人瞩目的是其从中心直到村落的神山体系。如位于卡瓦格博雪峰西南方深山峡谷中的德钦县雨崩村，是卡瓦格博地域的腹心地带，有区域神山3座，地域神山8座，村落神山15座。卡瓦格博与西藏和青海山神之间还借血缘和姻缘纽带结成神山联盟，既是宗教的精神共同体，也是人群的地域文化共同体。如此无山不神的神山体系，不仅是宇宙观，也是价值观、生活观，是雪域高原人类的文明杰作。

珠穆朗玛峰白雪皑皑的冰川景观，距今仅有一百多万年的历史。然而，近半个世纪来，随着全球变暖，冰川的强烈消融向人类敲响了警钟。从康熙年间（1708—1718）编成《皇舆全览图》到珠峰出现在中国版图上，反映出中西方相遇下的帝国转型和主权意识萌芽。从西方各国的珠峰探险，到英国民族主义的宣泄空间，再到清王朝与新中国领土主权与尊严的载体，珠峰"参与"了三百年来人与自然、科技与多元文化的碰撞，成为世人瞩目的人类冰雪文化的历史表征。今天，世界屋脊的自然生态和文化生态保护形势异常严峻，拉图尔（B. Latour）曾经这样回答"人类世"的生态难题：重新联结人类与土地的亲密关系，倾听大地神圣的气息，向自然万物请教"生态正义（eco-justice）"，恭敬地回到生物链上人类应有的位置，并谦卑地辅助地球资源的循环再生。

三

冰雪动植物文化包括青藏高原的植物、猛兽以及牦牛、藏鸦、猎鹰与驯鹿。

青藏高原的植物充满了神圣性与神话色彩。如佛经中常说到睡莲，白色睡莲象征慈悲与和平，黄色睡莲象征财富，红色睡莲代表威权，蓝色睡莲代表力量。青藏高原共有维管植物1万多种，有菩提树、藏红花、雪莲花、格桑花等国家一级保护植物和珍贵植物品种。然而随着环境的恶化和滥采乱挖，高原的植物生态受到严重威胁，令人思考罗安清（A. Tsing）在《末日松茸》中提出的一个严峻问题：面对"人类世"，人类如何"不发展"？如何与多物种共生？

在青藏高原的野生动物中，虎和豺被世界自然保护联盟列为等级"濒危"的物种，雪豹、豹、云豹和黑熊被列为"易危"物种。在"文革"期间及其之后的数十年中，高原猛兽一度遭到大肆捕杀。《可可西里》就讲述了巡山队员为保护藏羚羊与盗猎分子殊死战斗的故事，先后获得第17届东京国际电影节评委会大奖以及金马奖和金像奖，反映出人们保护人类冰雪动物家园的共同心向。

大约在距今200万年的上新世后半期到更新世，原始野牦牛已经出现。而在7300年前，野牦牛被驯化成家畜牦牛，成为人类生产、生活的重要伙伴。《山海经·北山经》有汉文关于牦牛最早的记载。牦牛的神圣性体现在神话传说中，如著名的雅拉香波山神、冈底斯山神等化身为白牦牛的说法；中华民族的母亲河长江，藏语即为"母牦牛河"。

青海藏南亚区位于青藏高原东南部边缘，地形复杂，多南北向深切河谷，植被垂直变化明显，几百种鸟类分布于此。特别在横断山脉及其附近高山区，存在部分喜马拉雅—横断山区型的鸟类，如雉鹑、血雉、白马鸡、棕草鹛、藏鹀等。1963年，中国科学院西北高原生物研究所科考队在玉树地区首次采集到两号藏鹀标本。目前，神鸟藏鹀的民间保护已经成为高原鸟类保护的一个典范。

在欧亚草原游牧生活中，猎鹰不仅是捕猎工具，更是人类情感的知心圣友。哈萨克族民间信仰中的"鹰舞"就是一种巴克斯（巫师）通鹰神的形式。哈萨克族人民的观念当中，鹰不能当作等价交换的物品，其价值是用亲情和友情来衡量的。猎鹰文化浸润在哈萨克族、柯尔克孜族牧民的生活中，无论是巴塔（祈祷）祝福词，还是婚礼仪式，以及给孩子起名，或欢歌乐舞中，都有猎鹰的影子。

驯鹿是泰加林中的生灵，"使鹿鄂温克"在呼伦贝尔草原生存的时间已有数百年。目前，北极驯鹿因气候变暖而大量死亡，我国的驯鹿文化也因为各种环境和人为原因而趋于消失，成为一种商业化下的旅游展演。费孝通的"文化自觉"，正是对禁猎后的鄂伦春人如何既保护民族文化又寻求生存发展所提出的："文化自觉"表达了世界各地多种文化接触中引起的人类心态之求。"人类发展到现在已开始要知道我们各民族的文化是哪里来的？怎样形成的？它的实质是什么？它将把人类带到哪里去？"

相信费孝通的这一世纪发问，也是对人类世的冰雪纪年"怎样形成？实质是什么？将把人类带向哪里？"的发问，是对人类冰雪文化"如何得到保护？多物种雪域生命体系如何可持续生存？"的发问，更是对人类良知与人性的世纪拷问！

《中华冰雪文化图典》丛书定位于具有学术性、思想性的冰雪文化普及读物，尝试展现中华优秀传统冰雪文化和冰雪文明的丰厚内涵，让"中华冰雪文化"成为人类文化交流互通的使者，将文明对话的和平氛围带给世界。以文化多样性、文化共生等人类发展理念促进人类和平相处、平等协商，共同建立美好的人类冰雪家园。

本丛书由清华大学社会科学学院人类学与民族学研究中心组织的"中华冰雪文化研究团队"完成。为迎接2022年北京冬季奥运会，2021年底已先期出版了精编版四卷本《中华冰雪文化图典》和中英文版两卷本《中华冰雪运动文化图典》。本丛书前期得到北京市社科规划办、清华大学人文振兴基金的支持，谨在此表示衷心的感谢！并特别向辛勤付出的"中华冰雪文化研究团队"全体同人、学苑出版社的编辑人员表示深深的谢意！感谢大家共同为中华冰雪文化研究做出的努力和贡献！

张小军
于清华园
2023年10月

目 录

前 言   001

第一章　青藏高原   016
   第一节　大山的世界   016
   第二节　江河的源头，全球气候调节器   018
   第三节　生物的乐园   022

第二章　山水崇拜   043
   第一节　山水的普遍崇拜   043
   第二节　藏族独特的山水崇拜   045

第三章　神山文化   056
   第一节　神山与山神   056
   第二节　六大神山   080

第四章　圣水文化   100
   第一节　江河源头   100
   第二节　四条圣河   113

第五章　山水传说　　　　　　　　　　116
　　第一节　冈仁波齐山和玛旁雍错　　　117
　　第二节　达果雪山和当惹雍错　　　　118
　　第三节　念青唐古拉山和纳木错　　　120
　　第四节　阿尼玛卿山和青海湖　　　　123

后　记　　　　　　　　　　　　　　　127

前 言

在中国人的生活和文化意识里，山水有着极其重要的意义。从《山海经》的出世到五岳的崇拜，山水文化的情结成为人类共有共通的情结，认为山是崇高的、庄严的、沉稳的，再加上各种宗教色彩的神化，对于山更是敬畏和崇拜。

青藏高原是山的世界，是万山之宗、万水之源，世界上海拔在8000米以上的山峰大部分都在这里，所以人们称它为"世界屋脊""地球第三极"。它的平均海拔在4000米以上，现代科学称它是"不宜人类居住"（海拔3000米以上）和"生命的禁区"（海拔5000米以上）。而藏民族在这冰天雪地的高原上繁衍生息数千年，认为青藏高原是观世音菩萨赋予藏族人的北方极乐之地，因此藏族人每年抽出一段时间对神山圣湖进行朝拜或祭祀，感恩山水给予的恩赐。他们创造了适应高原环境的生存智慧和生态文化，创造了独具特色的高原山水文化。

青藏高原是世界重要的生态之源、气候之源、生命之源、水源之源、文明之源。它的"横空出世"不但改变了世界气候，而且对中华文明的形成过程也产生了重要影响，是中华文明思想体系中独特的存在，是中华冰雪文化极具代表性的部分。所以，本书以高原民族特有的传统文化为背景，系统研究高原各个神山圣水的神话缘起、山水崇拜供祭仪式的历史宗教演变、文化体系以及生态人文价值，及其对保护高原生态环境和传承民族生态文化的重要价值和长远意义。

青藏高原天赐人间，
佛塔银白宛如圣莲。
曼荼罗花雨漫天，
世上最高的庄严。
湖泊安详星斗其间，
大河汤汤小河潺潺。
人间的智慧之海，
世界上万川之源。
诸神眷顾山水从容，
牛羊成群青稞茂盛。
感恩你饶益有情，
拱卫天地创造文明。

洛桑·灵智多杰

2021 年 11 月 23 日

△ 图1 冈仁波齐
（仁宝齐 摄影）

图2 瑞雪布达拉
（张丽华 摄影）

◀ 图3 俯瞰雅鲁藏布江
（邱莎 摄影）

◀ 图4 喜马拉雅山脉
（刘雪 摄影）

△ 图5 拉姆拉错（张超音 摄影）

▲ 图6 鸟瞰青藏高原

（兰生忠 摄影）

▼ 图7 日结措嘉冰川

（阿旺洛桑 摄影）

▷ 图8 鸟瞰青藏高原
(兰生忠 摄影)

Δ 图 9　姜根迪如冰川

（张超音 摄影）

∇ 图 10　青藏高原航拍

（欧阳宏生 摄影）

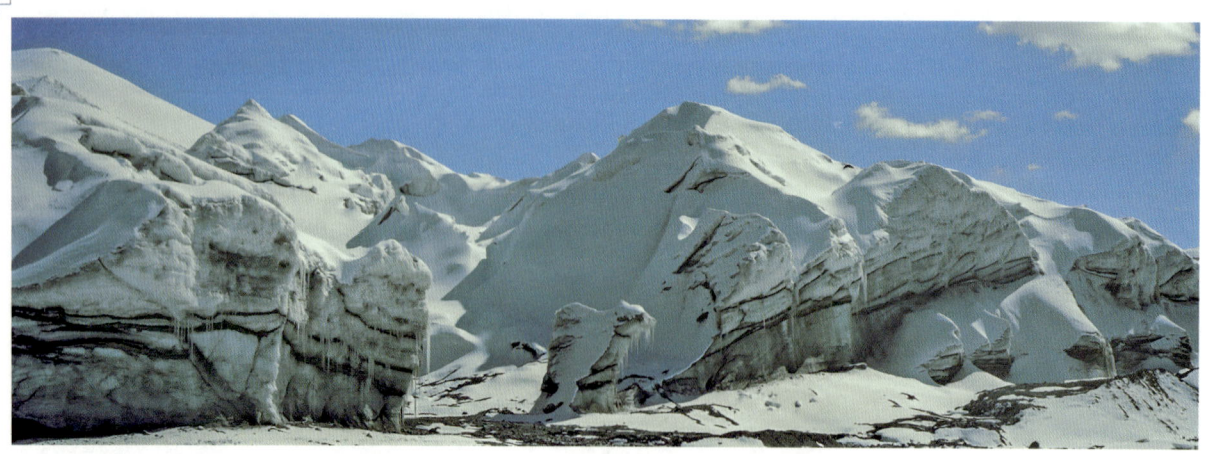

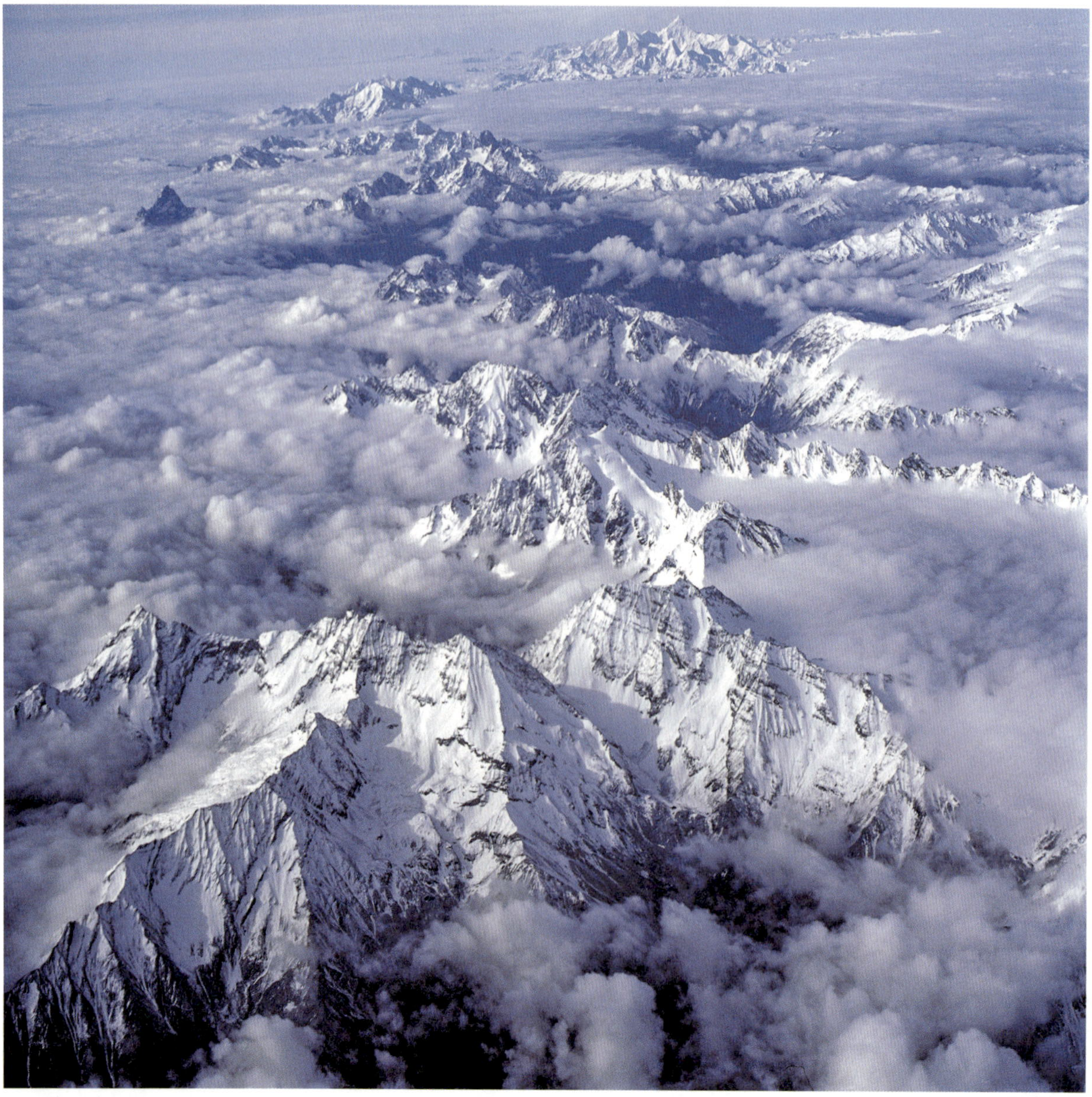

▷ 图 11
然乌湖·来古冰川
（张超音 摄影）

前言

图 12　航拍青藏高原（唐军　摄影）

△ 图13 玛旁雍错（李作泰 摄影）

第一章
青藏高原

青藏高原是中国最大、世界海拔最高的高原。其独特的自然环境，造就了特有的山水文化；其独特的地理环境，极大地影响着藏族等高原民族的生产生活方式。

青藏高原是山的世界，这里聚集着世界级最高的山脉，被誉为"世界屋脊"，被称为万山之宗；青藏高原也是亚洲许多大江大河的发源地，雪山冰川湖泊众多，也被誉为"亚洲水塔"，又称为万水之源。

青藏高原地貌轮廓形似"无尾的鸵鸟"——头部在帕米尔高原，嘴部是兴都库什山，昆仑山、阿尔金山和祁连山相当于鸵鸟的脊背线，全球最高的喜马拉雅山成了它的腹部线，横断山脉仿佛是鸵鸟下垂的尾端。

第一节　大山的世界

青藏高原总面积为308.34万平方千米，中国境内面积约258.09万平方千米，是中国地理环境最复杂的地区，山高谷深。[1]

在广袤无垠的高原上，绵延耸立着许多雄伟的山脉：北有唐古拉

---

[1] 张镱锂、李炳元、刘林山、郑度：《再论青藏高原范围》，《地理研究》2021年第40卷第6期。

▷ 图 1-1
青藏高原雪山林立
（兰生忠 摄影）

山、昆仑山、阿尔金山和祁连山诸山脉，东有横断山、龙山山脉，西北有帕米尔高原与喀喇昆仑山，南部有喜马拉雅山脉，冈底斯山、念青唐古拉山等则横亘于高原中部。高原边缘高山环绕、峡谷深切，内部纵横延展着许多巨大山系，在高大山系之间又绵延盘亘着次一级的一条条山脉，矗立着一座座巍巍雪山。

青藏高原长约 2945 千米，宽约 1532 千米，[1] 平均海拔 4000 米以上。高山峻峰林立，高耸入云，雪山连绵起伏，冰川广布。地球上海拔超过 8000 米的 14 座山峰大都分布在青藏高原西、南边缘，长度在 300 千米以上的山脉就有十几座，高寒是高原最鲜明的自然特征。

青藏高原，千里高山纵横，雪山林立，万年冰川广布，冰天雪地，因而也称为雪域高原。

---

1 张镱锂、李炳元、郑度：《论青藏高原范围与面积》，《地理研究》2002 年第 21 卷第 1 期。

第二节　江河的源头，全球气候调节器

　　山是水之源，水是山之魂。山因水而灵气，水因山而壮美。青藏高原多高山冰川、多雪峰湖泊，这些高峰以其伟岸的身躯，从高空的大气环流中吸收水分，形成终年积雪的雪山和巨大的冰川，成为东亚和南亚的主要江河的稳定水源。

　　青藏高原的冰川覆盖面积达 4.7 万平方千米，占全国冰川总面积的 80% 以上，如念青唐古拉山脉的冰川面积就有 7536 平方千米，广泛分布如同营垒一般的冰川，孕育了长江、黄河、澜沧江和怒江等水系，形成中国最大的河流和流域；冰川也孕育了雅鲁藏布江、恒河、印度河等江河上游的象泉河、马泉河、狮泉河、孔雀河等四大圣河，惠及南亚大陆和印度半岛。据初步估算，青藏高原年均水流量为 6000 多亿立方米，为亚洲东部约 14 亿人提供水资源。[1]

　　整个青藏高原上有超过 1500 个湖泊，面积达 3.2 万平方千米，占全国湖泊总面积的 45% 以上；在高山冰川下散落着珍珠般的内陆湖。

　　此外，发源于青藏高原的长江、黄河养育了中华文明，恒河、印度河养育了印度文明，澜沧江（境外称湄公河）、怒江（境外称萨尔温江）等养育了东南亚诸国文明。因而，青藏高原也称为"文明之源"。

　　青藏高原的巨高隆升，改变了地球行星风系，改变了亚洲气候和中国生存环境。青藏高原作为亚洲乃至北半球气候变化的"感应器"和"敏感区"，是我国，以至东亚气候系统稳定的重要屏障；尤其是高原冰冻圈以及高寒环境条件下的脆弱生态系统，对全球变化和人类干预响应十分敏感，其发展趋势备受全球关注。

---

1 《青藏高原大片草原退化成荒漠》，见"中国草原网"，2014 年 11 月 3 日，http://www.caoyuan.biz/。

△ 图 1-2
冈仁波齐峰和纳木那尼峰
（孙岩 摄影）

第一章 青藏高原

我国气象学家叶笃正先生讲，如果不是青藏高原的隆起，中华大地将是一片沙海；如果不是青藏高原的隆起，现在拉丁美洲郁郁葱葱的大地也不可能是现在这个样子。青藏高原的生态状况对人类乃至全球的生态安全都有着深远影响。青藏高原是森林、草原、湿地和湖泊集中分布区，提供全国三分之二的生态服务价值，这既直接关系到中华民族的未来发展及千秋万代的根本利益，也关系到南亚和东南亚人民的未来和发展，因而称青藏高原为我国乃至世界的生态安全屏障。

图 1-3 戴帽叶猴
（彭建生 摄影）

第三节　生物的乐园

青藏高原是我国生物多样性极其丰富及保存相对完好的地区。丰富的生物物种、迥异的高寒草原与草甸生态系统，以及沙漠、湿地及多种森林类型自然生态系统，孕育了极其丰富的野生动植物资源。

在青藏高原上，生存着大约210种野生哺乳动物（占全国总种数的50%左右），鸟类678种（占全国总种数的57.2%），爬行类83种（占全国总种数的22.1%），两栖类80种（占全国总种数的28.7%）。其中，在野生哺乳动物中，国家一、二级保护种类占有很大比例，大熊猫、金丝猴、藏羚羊、野牦牛、藏野驴、盘羊、雪豹、羚牛、白唇鹿、梅花鹿等著名动物都在其中。

此外，青藏高原还有陆栖脊椎动物近1100种，占全国物种总数的45%左右，其中属于高原型特有种71种，如哺乳类中的藏野驴、藏狐、喜马拉雅旱獭、野牦牛、白唇鹿，鸟类中的藏雪鸡、高原山鹑、黑颈鹤，爬行类中的青海沙蜥、温泉蛇，两栖类中的西藏蟾蜍、倭蛙，等等。[1]

青藏高原尚有鱼类115种、真菌5000余种以及包括昆虫在内而目前还难以统计的无脊椎动物和藻类、地衣、细菌、病毒等巨大数量的物种。

由此可见高原物种多样性丰富程度及其在我国物种多样性中的重要地位。[2] 各种不同生态类型和分布类型的生物，在这里都可以寻觅到适宜它们生长生活和繁衍的处所。

青藏高原地区现已知的包括苔藓在内的高等植物有1.3万余种，维管植物有1.2万种以上（分别占全国总种数的45%和40%左右），在高等植物中，有蕨类800余种，裸子植物88种和被子植物1.2万种

---

[1] 洛桑·灵智多杰主编：《青藏高原环境与发展概论》第五章《高原生物》，北京：中国藏学出版社，1996年。

[2] 洛桑·灵智多杰主编：《青藏高原环境与发展概论》第五章《高原生物》，北京：中国藏学出版社，1996年。

△ 图 1-4 藏羚羊
（彭建生 摄影）

以上（分别约占各自类群全国总种数的 40%、44% 和 44.4%）；桫椤、巨柏、喜马拉雅长叶松、喜马拉雅红豆杉、长叶云杉、千果榄仁等珍稀濒危植物都在这一地区有分布或特产于此。

尤其值得一提的是，青藏高原是世界上杜鹃花种类最为丰富的地区，有"杜鹃花王国"之誉。而这些珍稀动植物均是青藏高原自然保护区的主要保护对象。

截至 2021 年，青藏高原自然保护地中，有国家级自然保护区 52 个，省（自治区）级自然保护区 61 个，各级自然保护区共计 171 个。这些保护区是草原、湿地、草甸等生态系统占前三位的特大型自然保护区。[1]

---

[1] 傅伯杰、欧阳志云等：《青藏高原生态安全保障状况与对策》，青藏高原生态保护网，2022 年 1 月 11 日，www.qtpep.com。

△ 图1-5 野牦牛（彭建生 摄影）

◁ 图1-6 野牦牛
（肖林 摄影）

△ 图1-7 藏野驴（彭建生 摄影）

▽ 图1-8 盘羊（肖林 摄影）

△ 图1-9 雪豹（彭建生 摄影）

▽ 图1-10 白唇鹿（彭建生 摄影）　　　　　　　　　　　　▷ 图1-11 高黎贡羚牛（彭建生 摄影）

△ 图1-12 豹猫（彭建生 摄影）

△ 图1-13 藏狐（彭建生 摄影）

△ 图 1-14 黑颈鹤（彭建生 摄影）

△ 图 1-15 藏雪鸡（彭建生 摄影）

▲ 图1-16 绿尾虹雉（彭建生 摄影）

▲ 图1-17 蓝大翅鸲（彭建生 摄影）

▲ 图 1-18 草原雕（彭建生 摄影）

▲ 图 1-19 大𫛭（彭建生 摄影）

◀ 图1-20 白喉红尾鸲（彭建生 摄影）　　　　　　　　　　△ 图1-21 白项凤鹛（彭建生 摄影）

▼ 图1-22 黄颊山雀（彭建生 摄影）

△ 图1-23 血雉（彭建生 摄影）

▽ 图1-24 小熊猫（林森 摄影）

△ 图1-25 白马鸡（彭建生 摄影）

▽ 图1-26 血雉西藏亚种（彭建生 摄影）

第一章 青藏高原

△ 图 1-27　塔尔羊母子（彭建生 摄影）　　　　　　　　　▷ 图 1-29　鲁朗原始森林（李作泰 摄影）

▽ 图 1-28　马麝（彭建生 摄影）　　　　　　　　　　　　▷ 图 1-30　扎贡沟原始森林（李作泰 摄影）

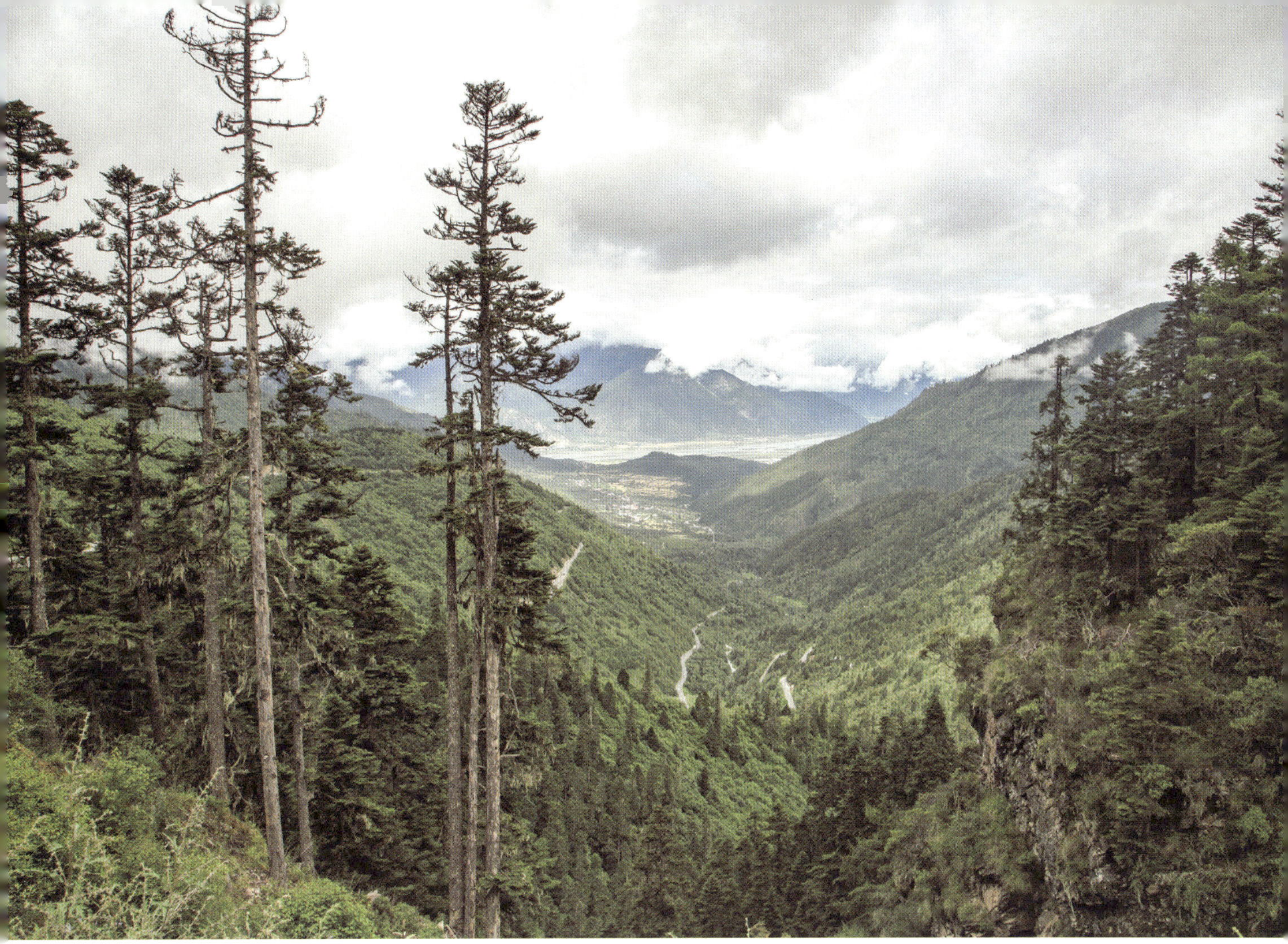

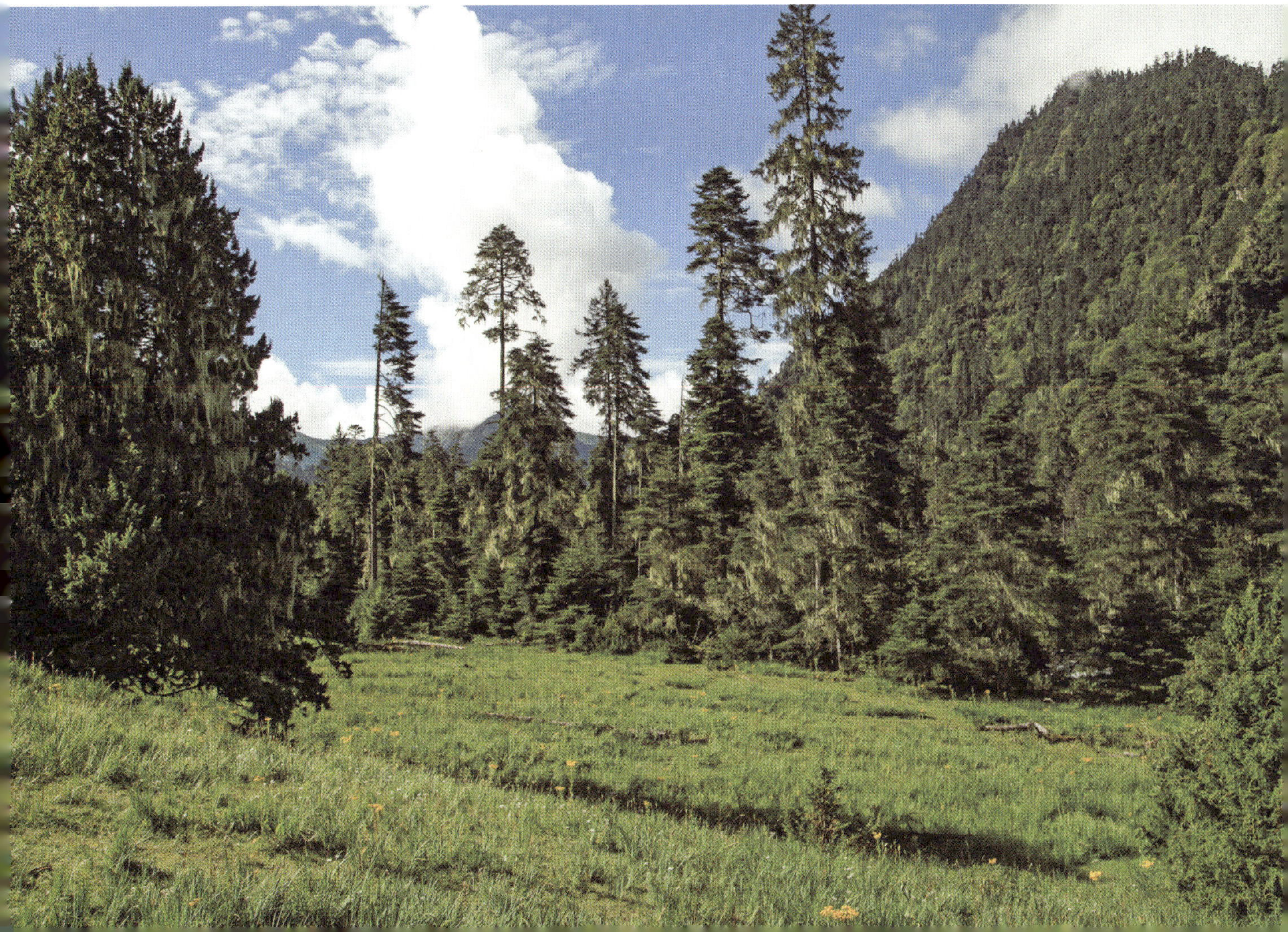

◁ 图 1-31 千年云杉王（李作泰 摄影）　　　　　　　　　　△ 图 1-32 "林中大熊猫"长叶云杉（范久辉 摄影）

图 1-33　世界柏树王
（李作泰　摄影）

第二章
山水崇拜

人类对自然固有崇拜,而在诸多自然崇拜对象中,山和水逐渐成为大自然的代表。

第一节 山水的普遍崇拜

对山的敬畏和崇敬是世界各民族共有的特性。山神和神山因而成了与宗教信仰、文化认同和人文地理密切相连的一种世界性的宗教文

▶ 图 2-1 神山圣湖
(李作泰 摄影)

△ 图2-2
青海阿万仓湿地草原
（李作泰 摄影）

化标识。山往往是宗教力量的载体和神灵的寄居之所，因而被认为是宗教的特定圣地或名胜古迹。

中国人认为，山岳丰富的资源哺育了我们的祖先；因此我们的祖先也很早就开始认识并记述山。

《诗经》中有很多歌颂自然山水的诗句，如"泰山岩岩，鲁邦所瞻""嵩高维岳，峻极于天"等。《山海经》以山川作为地域划分的标志，其所记的447座山，每座山均有各自的神灵，描绘了各类山神形貌，不同规格的祭祀，全面而具体地记述了大山的资源、宝藏，即为自然崇拜的一种表现。

大约在西汉时期，汉族就形成了五岳四渎祭祀系统，"五岳"即中岳嵩山、东岳泰山、西岳华山、南岳衡山、北岳恒山，"四渎"即天下河川，以"五岳四渎"象征神州大地。中国人对五岳的崇拜特别是对泰山的崇敬，起自尧舜，延续至今，帝王封禅祭祀，对泰山的颂词、诗歌、碑文等著述达千万文字。

近年来的研究破解认为，《山海经·南山经》呈现了青藏高原的部分山水，《山海经·海内西经》记载："海内昆仑之虚，在西北，帝之下都，昆仑之虚，方八百里，高万仞。"

第二节 藏族独特的山水崇拜

这个世界上，再没有哪个民族比藏族住得更高，与山的关系更亲密。山在他们的文化中是一个基本的空间因素，是一切生活信念的基础。[1]千百年来生活在雪域高原上的藏族人，自豪地称自己为"卡瓦坚"（雪域民族），形容青藏高原为一个巨大的聚宝盆，又形象地把这块地方比作"天似八辐金轮，地如八瓣莲花状"，紧紧围绕着山水描述活动区域。

藏民族自古崇敬大自然和自然神灵。藏族的山神崇拜，在原始时期，可能是以自然崇拜为主，后来融入了祖先崇拜、灵魂崇拜、英雄崇拜等内容，再后来，则与宗教紧密地结合在一起。藏族人的原始宗教及后来的苯教、佛教，信奉万物有灵，认为世间的一切山、水、树、岩、土地等都有精灵和鬼怪，人世间的各种苦难，包括疾病、自然灾害，都与万物的精灵和鬼怪有关，因而创造了供奉年神、鲁神、赞神、地神、家神、战神等的万神之殿。

▶ 图2-3 2016年猴年，僧俗群众转猴山拜赛宗寺（李作泰 摄影）

---

[1] 郭净：《雪山之书》，云南人民出版社，2012年。

佛教传入青藏高原后，藏传佛教形成，又将其神灵系统和青藏高原固有的苯教诸多神灵结合起来，形成了一个包罗万象的神灵体系。传说，这些神灵主宰人世间的一切，对这些神灵只能小心供奉，否则一旦他们发怒，就会给人类降临各种灾难。由此，各种祭祀神灵的仪轨应运而生。

藏族将部落区域内的一座高山或一组高山奉为神山而崇拜，并作为禁忌之地而加以保护，这对高原生态环境起到了重要保护作用：神山保护使每一片区域成为不受人类干扰的自然生态系统。神山区域内保留着不同自然景观、不同植被系统、不同动物种类，是一座"生命之山"。在一个部落区域内，在整个青藏高原，高高矗立的神山也是人类社会的一种精神寄托，是人与自然和谐共生的象征。藏民族宗教信仰使青藏高原带上了神奇而吉祥的色彩，从中表达了对自然的崇高美与生命世界的和谐美的领悟。循季节变化而游牧，依水草分布而养畜，按地形方位而建筑。人们的活动跟随自然，融于自然，表现自然，又创造自然，表现出与自然同生同长的节奏和谐之美，产生了无数个神山、圣湖，形成了青藏高原独特的山水神灵化文化。

藏族神灵信仰和崇拜是藏族人生态伦理与生态习惯法的基础，高原山水神灵化文化反映了藏民族的信仰体系、生态伦理、价值取向和生存智慧。神山，是人与神、人与自然结合的精神之山、信仰之山、文化之山，已经深深地镌刻进藏民族的历史文化中。

藏民族以拟人的方法，给青藏高原的山山水水以生命和灵性，在世界屋脊上构建了人类神话史上

△ 图 2-4 藏娘佛塔和桑周寺（洛桑·灵智多杰 摄影）
位于玉树称多县尕多乡藏娘村，历史悠久。2001 年 6 月 25 日，藏娘佛塔被国务院批准为全国重点文物保护单位

分类最清晰，名目最繁多的山神和山神文化体系。

藏族传说山神之父沃德贡杰及其八个儿子构成"世界形成之九大神山"，继有"十二丹玛""长寿五姊妹""四大念青""二十一格年""十一个多康索朵""六岗十二奚达"等多个藏族山神群。[1]同时又把神山和山神分为区域、部落、家族、家庭的，在山上建"拉则"（神殿或城堡），让神灵居住。封山水为神山圣湖和护法神，敬畏、仰视，常向它们祭祀膜拜和祈福。

根据神山的层级、神位、亲属、官制、方位、来源、区域环境与生计方式以及区域风物特征，青藏高原的千万个各类神山有不同层面的分类。按照分工，有念神、赞神、战神、土地神等；按生活环境和生产方式，分牧区的神、农区的神等；按照地域和文化影响范围，又分为世界宗教神山、区域族群神山、部落社会神山、民众灵魂神山四种不同地位不同层级（次）的神山。

例如，"九大神山""二十一格年""十二丹玛"等为世界级的，如年保玉则、卡瓦格博、贡嘎雪山等都是区域性的神山，较小的很多山是部落性的神山，还有很多家族在一些山上建"拉则"，供一些小神或祖宗为自己的家神。

神山是神圣区域的中心，不同层次的神山无形中形成藏族文化生态保护区。神山圣湖分布在青藏高原和周边区域，本土世俗神和佛教护法神共同构成了一个完整的藏族神灵图像。

藏族的山神和神山两个概念往往重叠，统称为神山。但也可以将两者剥离的。神灵所居之地称神山，山神则是神山化身的精灵。神山信仰表现出强烈民族文化色彩与宗教价值取向，反映了高原民族集体创造的信仰体系、生态伦理、价值观念和生存智慧。青藏高原山水神灵文化的独特性就在其人文生态价值、文化渊源以及宗教神话，最主要的是其蕴含的神话意识、人文内涵和精神信仰。

---

[1] 洛桑·灵智多杰：《藏族神山圣水信仰与生态环境保护》，"梅里雪山生态文化与区域可持续发展高端论坛"，2015年9月11日。

▲ 图2-5
纳木那尼峰与冈仁波齐
（孙岩 摄影）

藏民族信奉万物有灵，神灵无所不在无时不在。将雪山升华看作高于人类、影响着人类生活的一种自然存在，将转山转湖神圣化为一种祭祀活动。

1. 转山和转湖

藏族不少高峰的名称在藏文中都有神圣、高贵、洁净、优美的含义。湖泊在藏族人心目中也拥有圣洁神秘的地位。景致各异的湖泊像蓝宝石、绿松石、翡翠石，错落镶嵌在雪山牧场之间。

山和湖在藏族民众心目中拥有崇高的地位，崇拜神山圣水表达了对大自然的高度尊敬和维护，藏民最重要的一项祭祀神山的活动就是转山。转山和转湖是他们祈求神灵赐予福祉的方式。

各藏族文化区都有自己的守护神山，有些地方的神山山体不算很高，但在当地却有很高的信奉。每逢吉日就会进行各种的祭拜活动。

藏族向来有"羊年转湖，马年转山"的习俗。冈仁波齐、阿尼玛

◀ 图 2-6 转神山
（张超音 摄影）

▼ 图 2-7 羊年转湖
（张鹰 摄影）

卿等著名的雪山，每逢马年必定进行一次大型的转山活动。藏传佛教认为，马年各路神佛、菩萨就要会集在神山念经祈福，所以凡是这一年到这个神山朝拜的人，绕圣迹转一圈，如同念佛经多遍，可洗尽一生罪孽；转十圈，便可在五百轮回中避免下地狱之苦，转百圈便可成佛升天。圣水能洗净人们心灵上的五毒等，最大的转湖活动是羊年到纳木错转湖。

尽管转山转湖只是出于善良的祈愿，客观上却起到了精心保护山水环境的作用。

2. 登山与转山

登山与转山是两种不同的行为方式，实则体现出两种完全不同的对待人和自然关系的理念，折射出迥异的文化和截然不同的价值观。

登山自古就有，且不论外国，中国古代其实也有不少登山大家，如无山不登的大旅行家徐霞客，游吟诗人李白，等等，基本上属于"问奇于名山大川""一生好入名山游"的快乐登山。

现代登山运动发源于欧洲的阿尔卑斯山，算起来前后不过200年，自从发现深藏于万山之中的高原雪山，快乐登山演变为创造和改写记录、为征服者的荣誉而登山，是冒险征服，显示自我的力量。对于登山者来说，雪山只是一个高度和海拔，攀登一座从未被攀登过的山峰，终极目标是寻求刺激。

藏族人转山是平地绕着山走甚至是磕着长头。藏族人民认为，每一座山、每一个湖，都有神灵居住。这些神灵有时有形有时无形，它们时刻关注着生灵的一举一动，掌管着风云变幻、人间疾苦甚至灵魂超度。同时藏族人把雪山视同尊严的母亲，视同高于人类世界的神圣之物，是超越和左右人类的神圣之手。藏族人视雪山为人类现实生活

▲ 图2-8 喜马拉雅山脉（庞顺泉 摄影）

的庇护者、引导者和规范者。对它们最好的礼敬方式，就是顶礼膜拜、世代转山。

世界第一个登上珠穆朗玛峰的是新西兰人埃德蒙·希拉里（Edmund Hillary），同伴向导丹增·诺尔盖（Tenzing Norgay）是夏尔巴人，攀登珠峰的路上丹增时不时或拉或推帮扶希拉里。据说，就要登顶时，希拉里说丹增你登顶征服吧，丹增说，还是你登顶吧，这是我的母亲山，我不需要征服而是敬畏敬仰，说完从后面把希拉里推上冰雪山巅。

喜马拉雅山脉，是世界上最高大、最雄伟的山系，主峰珠穆朗玛峰是世界最高峰。山脉主要部分在我国和尼泊尔交界处。喜马拉雅，一说其名称来源于梵语 hima alaya，意为"雪域"，即冰雪聚集之地。冈仁波齐，是西藏最大的神山，苯教徒认为，冈仁波齐的山神古拉格措，是西藏群山的众神之王，最早以白牦牛形象降生于冈仁波齐峰顶上。

▼ 图 2-9 "白牦牛"冈仁波齐（才让太 供图）

▲ 图2-10 贡嘎山（李作泰 摄影）

▽ 图2-11 贡嘎山（张超音 摄影）

"贡嘎"藏语意为洁白之雪山,贡嘎山位于青藏高原东端横断山脉,甘孜藏族自治州境内,是大雪山的主峰,海拔7556米,是四川省最高的山峰,被称为"蜀山之王",为国家级风景名胜区。大雪山中包含海拔6000米以上的雪山45座。该地冰川众多,大小冰川1680条,冰川储量约1070立方米,大小现代冰川向长江、澜沧江等大江大河源源不断地输送着融水。

　　贡嘎雪山,是国际上享有盛名的高山探险和登山圣地。

第三章
神山文化

藏族共同的神山，在吐蕃时期就已形成，藏语叫"集拉"，即共同神。

第一节　神山与山神

1. "世界形成之九大神山"

"世界形成之九大神山"，即九座大雪山，属于雪山"念"级神，藏族神山体系的根源，传说为开天辟地时的九大神山。

从很多记载和神话传说中了解到，"世界形成之九大神山"的构成是动态的。吐蕃初期，这九座山都在山南的桑日县，他们是沃德贡杰神山和他的八个同父异母的儿子。随着吐蕃疆域的扩展、地域势力的强大和地位的重要性而经历了变动和改写，以前的各种神话和历史版本前后罗列出了十几座山神。

以隆多喇嘛和东噶·洛桑赤列的著作为蓝本，我们列出了如下山神：沃德贡杰雪山（西藏山南市桑日县境内）、雅拉香波雪山（西藏山南市乃东县境内）、念青唐古拉雪山（西藏那曲市当雄县境内）、玛卿邦热雪山（青海果洛州玛沁县境内）、觉吾觉卿雪山（也称蛟卿顿日，青海玉树州称多县境内）、觉吾玉杰雪山（也称觉沃月甲，西藏昌都市类乌齐北怒江与澜沧江之间）、西乌卡日雪山（也称偕微喀日，西藏山南塔布地区）、夏拉久波雪山（也称雪拉居保，西藏江孜县热龙乡境内）、乃钦康桑雪山（西藏日喀则市江孜县境内）。九大神山是神山体系的核心，称为"世界形成之九大神山"。

神山之祖沃德贡杰雪山位于西藏桑日县境内，距离泽当镇约60公里，海拔5998米，挺拔在沃卡宗遗址南面，其主峰犹如一把刺向蓝天的宝剑，终年白雪皑皑、冰川林立，十分秀丽，在阳光下总是银光闪闪。

雅拉香波雪山，位于雅砻河谷，在西藏被誉为众山之王。

夏拉久波雪山，被誉为西部雪山之王，传说为沃德贡杰最小的儿子，是雪域开天辟地本土神灵，后归依藏传佛教。夏拉久波雪山神是一位白色的神，白盔白甲，骑一匹如同白云般的白马疾驰，英姿勃勃，光彩照人。这座雪山为众神集会之地，又是财富荟萃之地。他是守护雪山神，也是守护财富神。夏拉久波雪山下，有一座著名的寺院热隆寺，这里是竹巴噶举派的主要道场。竹巴噶举派祖师林热·白玛多吉和他的首席弟子藏巴嘉日·益西多杰都曾长期生活在这里，开创

▶ 图3-1 沃德贡杰雪山
（普布多吉 摄影）

△ 图 3-2 雅拉香波雪山（张超音 摄影）

△ 图 3-3 雅拉香波山神（火种 供图）

并弘传了这个西藏历史上最有影响的教派。[1]

关于九大神山的传说和神话故事仍在不断演进。

2. 十二丹玛

西藏及其周边地区记载十二丹玛的文献很多，分别代表着不同的教派对十二丹玛的认识，互有出入，主要体现在排列顺序、神名、居地、坐骑和手持法器等的不同。但对十二丹玛女神均须不断地供奉美食。

十二丹玛在藏族文化区信奉的保护神中居于重要地位。"丹玛"即藏语女性护法神，"丹玛"除了做山神和护法神以外，也被视作"央拉"，即财神。

十二丹玛，即多杰贡查玛、多杰雅玛迥、多杰贡都桑、多杰盖吉佐、多杰坚居玛、多杰琼尊玛、多杰鲁姆、多杰扎姆杰、多杰工尊岱姆、多杰曼居玛、多杰雅姆瑟、多杰玉珍玛。

十二丹玛一般分成三组，每四个一组：第一组是长着丑脸的黑姑娘，可以化身为罗刹大魔女的四魔女神；第二组是满脸怒气的红女神，可以化身为女夜叉的四药叉女神；第三组是洁白美丽、俊俏可爱的白女神，可以化身为美女的四女医神。

相传她们居住在山谷、丛林、湖泊、山巅中。其名称和位置都有固定的排列顺序，排在最前面的女神就是这一组神灵的首领。根据隆多喇嘛的著述，十二丹玛居住在不同的湖里。

在雪域藏土十二丹玛女神中，多杰琼尊玛骑鹏仙女最受当地信民的拥戴。[2]

---

[1] 廖东凡：《雪域众神》，中国藏学出版社，2008年，第210-211页。

[2] 廖东凡：《雪域众神》，中国藏学出版社，2008年，第232页；《十二丹玛女神、长寿五姊妹、念青唐古拉山神、阿尼玛卿大山神》，秦陇文化/宗教文化，族谱网，https://www.zupu.cn/。

▲ 图3-4　多杰贡查玛

▲ 图3-5　多杰雅玛迥

▲ 图3-6　多杰贡都桑

▲ 图3-7　多杰盖吉佐

▲ 图3-8　多杰坚居玛

▲ 图3-9　多杰琼尊玛

△ 图 3-10　多杰鲁姆

△ 图 3-11　多杰扎姆杰

△ 图 3-12　多杰工尊俗姆

△ 图 3-13　多杰曼居玛

△ 图 3-14　多杰雅姆瑟

△ 图 3-15　多杰玉珍玛

3. 四大念青

四大念青也叫四方大山神，其地位有如四大天王，守护着青藏高原，四大山神是藏传佛教和苯教共同的护法神。四大念青指北方的念青唐古拉、东方的阿尼玛卿、南方的库拉岗日和西方的乃钦康桑。四大念神的身相与其他叙述不尽相同，它们不仅在"世界形成九大神山"之列，而且在"二十一格年"山神之列。是藏传佛教公认的地域守护神和护法神，在寺院供有其雕塑或唐卡或壁画，寺院和民间均有对其煨桑祭祀传统。

藏传山神名称前常加前缀"杰"或"青"，以示其显赫的地位。四大山神各有自己的领地和众多的伴神和侍神，但他们的职责和权限并不局限于各自的属地。

四座大神山是藏族文化区神山的代表，这四座雪山神灵在民间享有响亮的名号，是佛教传入以前藏族原始信仰中崇拜的山神，这四座山神是西藏最有威力的雪山神。

（1）北方的念青唐古拉山神

念青唐古拉山山脉位置在西藏北方。念青唐古拉山神是所有山神中最著名的一位，宁玛派将之视为地位最高的世间神之一，格鲁派也将其视为布达拉宫的寺庙护法神。其形象身黄色，一面二臂三目，头戴盔甲，身穿战袍，右手持藤鞭，左手持念珠或绳索，左臂夹着带红色旗帜的长矛，骑着褐色的战马。著名神山念青唐古拉的故事很多：苯教的、佛教的、佛苯斗法的。

> 从佛教的神话故事讲，公元8世纪中期，藏王赤松德赞摈弃苯教，激起了苯教主神念青唐古拉的极大愤怒。他一气之下，放出猛烈的雷暴，轰击红山堡寨，雷电引发大火，使这座吐蕃赞普引为骄傲的宫堡瞬间化为灰烬。后来莲花生大师进藏传教，念青唐古拉大神又进行了最为猛烈的抗争，他

▷ 图 3-16
念青唐古拉主峰
（张超音 摄影）

▷ 图 3-17
念青唐古拉山神十九尊
（当增扎西 供图，昌都市卡若区收藏）

变成一条白色的巨蟒，头枕藏北草原，尾伸怒江河谷，张牙舞爪、上下翻腾，弄得高山倾倒，长河乱流，冰雹横飞，雪雾弥漫，真有惊天动地、气吞山河的架势。据莲花生大师后来自述：他使用了无上神变的秘法，祭起佛法无边的金刚橛，终于降服了这位雪山巨灵，使它皈依三宝，效忠佛法，成了藏传佛教的护法神。但民间的故事，又把它描绘成普通人一样，有血有肉，有灵魂有感情，有个性，有爱恨情仇，有悲欢离合。传说，念青唐古拉山系，有360座高峰，每一座山峰上，都住着一位雪山神灵，这样就拥有了360位大臣和将军。

（2）东方的阿尼玛卿山神

阿尼玛卿山位于青海果洛州玛沁县境内。阿尼玛卿山神被描绘成穿着护胸甲、金身、披白色斗篷的形象。他身上缀满了各色宝石，右

▽ 图3-18　阿尼玛卿神山
（万德卡尔 摄影）

▷ 图 3-19 玛卿邦热山神
（19世纪，昌都市卡若区收藏，当增扎西供图）

手挥舞缚有旗帜的长矛，左手托着装满宝石的供器，左手腕搭了一个用鹰皮做成的口袋，骑一匹白马，一说他骑的是一头绿松石鬃毛的狮子。

阿尼玛卿原是果洛本地的地方神祇，他的形象是头戴白毡帽、右手拿着鞭子在山上放牧的牧人，而更早，他是祖先的象征，是祖先灵魂的象征。而当阿尼玛卿山神与外界发生联系、名声大噪后，就变成为整个涉藏地区的大山神。所以，阿尼玛卿是念神、是氏族神、是部落的保护神、是地方神祇。[1]

---

[1] 张宗显：《藏族的山神信仰》，《中国西藏》2005年第6期。

图 3-20　南方的库拉岗日（范久辉 摄影）

（3）南方的库拉岗日山神

库拉岗日雪山位于西藏中部地区，整个雪山由三座高峰组成，最高峰海拔7538米，屹立在喜马拉雅山脉中段的主脊线上，距离拉萨210千米，深居西藏山南地区洛扎县境内，位于中国与不丹边境。与库拉岗日相依而立的有6座7000米以上的山峰，远远望去，众峰并肩，宛若一道顶天立地的冰雪屏障。

库拉岗日山神形象为一面二臂，内穿白色丝衣，外戴头盔和水晶铠甲，右手持带旗帜的短矛，左手捧头颅钵，骑着奔驰的白马。其伴侣是"普莫雍措"（夹姆西萨），传说"普莫雍措"是天上仙女的泪水汇成的，被连绵的雪山所围拢，巍峨的库拉岗日神山就在湖旁。

（4）西方的乃钦康桑山神

乃钦康桑是拉轨岗日山的主峰，在喜马拉雅山以北，海拔7191米，位于西藏自治区江孜县、仁布县、浪卡子县三县交界处，周围耸立着10余座6000米以上的山峰。

传说乃钦康桑是山神诺吉康娃桑布居住之地，其知名度不像其他几位那么大。形象为绿色身，双手分别持剑和黑旗，骑马。但作为财神属性时，他则成为多闻天王的八路财神——"八马财神"中的一员，位在南方，身黄色，右手捧装满珍宝的容器。

乃钦康桑山体雄伟，危岩嵯峨。顶部尖锥突兀，形如鹰嘴，坡岭沟壑间的终年积雪发育了条条冰川，附近有冰川约116条，冰川面积达118.82平方千米。卡若拉冰川是其中面积最大的一条冰川，达9.4平方千米。

卡若拉冰川是年楚河支流势龙曲源头。就在乃钦康桑雪山下，雪白的冰川如一幅巨型唐卡挂在山壁下熠熠生辉。关注乃钦康桑峰和卡若拉冰川，是因为它们曾在一

些影片中多次出现：电影《红河谷》《江孜之战》《云水谣》都曾在这里拍摄外景。因此来西藏的游客一般都会专程来这里，观赏冰川的壮观，赞叹大自然的魅力。

卡若拉冰川为西藏八大冰川之一，另七大冰川为日结措嘉冰川、米堆冰川、绒布冰川、普若岗日冰川、曲登尼玛冰川、仁龙巴冰川、来古冰川。

△ 图3-21　乃钦康桑山神

▽ 图3-22　卡若拉冰川

（李作泰　摄影）

△ 图 3-23 米堆冰川（彭建生 摄影）

第三章 神山文化

△ 图3-24 绒布冰川（彭建生 摄影）

△ 图 3-25 普若岗日冰川（觉果 摄影）

△ 图 3-26 来古冰川（彭建生 摄影）

4. 格萨尔王和七大财宝神

藏民族最广泛崇拜的英雄就是格萨尔王。他是西藏远古高原的英雄，是天神之子，也是传说中的战神，征战四方，降魔伏妖，拯救百姓，无往不胜，具有人神合一的特点。

格萨尔王对山神有着无限的信仰和崇拜，每次出战都要祭祀山神。在战争中得到的财物，还要分送给山神，很多宝贝还要由山神来保管。《大食财宝宗》中讲，在大食国得到的七件宝贝授予七大山神，由他们来保管：牛宝授予念青唐古拉，林宝授予绒赞卡瓦格博，金宝授予尕朵觉沃，马宝授予阿尼玛卿，商品宝授予治须卡哇，谷宝授予米年也日则迦，羊宝授予贡哇松布杂迦多杰。

后来，把以念青唐古拉为首的这七座山神封为涉藏地区七大财宝山，它们同样是藏传佛教公认的共同神、地域守护神和护法神，即七大财宝神。在寺院均供有其雕塑、唐卡或壁画，寺院和民间均有对其煨桑祭祀的传统。

据传说，英雄格萨尔曾把许多珍爱之宝供奉与尕朵觉沃，其中最具代表性的"金瓶"为供奉之珍品，故史传觉沃附近有许多珍宝矿产，扎朵金矿可为见证之一。

格萨尔是统一雪域众多部落的藏族先祖的化身，也是收服众多魔怪的莲花生的化身。格萨尔是世俗之王松赞干布和神界之高僧莲花生合而为一的传说人物。格萨尔王一生都忙于降魔伏妖；同时，他的一生也反映了西藏高原部落的兴衰史，征战南北，驰骋雪域高原。

《格萨尔王传》是一部"震撼人心的伟大史诗"，是青藏高原特色文化的重要组成部分。

它也是世界上最长的一部史诗。目前收集整理就有120多部，100多万诗行，2000多万字，迄今发现的藏文版本已达50多部。其源于社会生活，又有着极为丰厚的藏族古代文学，特别是古代民间文学的坚实基础，同时继承了优秀的传统，不失为藏族民间文化的最高成就。

昌都江达县的瓦拉寺藏有一长幅独具特色的壁画——格萨尔王及他的大将们。据传该寺建于南宋宝祐元年（1253），是由川入藏的第一座大寺，在康藏地区具有非常重要的影响。瓦拉寺宏伟壮丽，其所藏壁画栩栩如生，已有700多年的历史，呈现了特有的文化和历史价值。长卷古壁画环绕三面墙壁，保存完好。

▼ 图3-27 卡瓦格博雪山
（洛桑·灵智多杰 摄影）

图 3-28 格萨尔王及他的大将们壁画·局部（一）
（文群太 摄影）

图3-28 格萨尔王及他的大将们壁画·局部(二)

(文群太 摄影)

第二节　六大神山

1. 珠穆朗玛峰

珠穆朗玛的藏语发音为"Jo-mo glang-ma ri", "Jo-mo"是"女神"之意,而"glang-ma"有"高山柳"和"母象"两重意思,这里应该理解为"母象"。

珠穆朗玛峰是喜马拉雅山脉的主峰,是世界海拔最高的山峰,位于中国与尼泊尔的边境线上。它的北部在中国西藏定日县境内,西坡在定日县扎西宗乡,东坡在定日县曲当乡(有珠峰大本营),南部在尼泊尔境内。顶峰位于中国境内。

珠穆朗玛峰地区的名称及其地理位置,最早见于元朝时的藏文名著《红史》。《红史》这部书,成书于元顺帝至正六年(1346)。在这部藏文书里,把珠峰地区称作"拉齐",把珠峰地区的雪山称为"拉

▼ 图 3-29　珠穆朗玛峰
(李作泰　摄影)

▶ 图 3-30　珠穆朗玛峰
(罗冠军　摄影)

图 3-31 霞光映珠峰（崔小曼 摄影）

齐岗"。"岗"在藏语里是"雪"的意思,在这里有"雪山"的含义,所以"拉齐岗"意即"拉齐雪山"。书里还把以珠峰为主的附近五座雪山称作"次仁玛宾阿"。"次仁玛"藏语意为"长寿女神","宾阿"意为"五姊妹",所以"次仁玛宾阿"总的意思是"长寿女神五姊妹"。

元朝和明朝之际的藏文史籍《莲花遗教》中,也把珠峰地区称作"拉齐",把珠峰称为"拉齐次仁",即"拉齐地区的长寿女神"。

明朝藏文文学著作《米拉日巴道歌集》中,对珠峰地区的记载就更具体、形象了,称珠穆朗玛峰所在地为"顶多雪"。该书指出,这个雪山连绵之地,就好像"被水晶围墙所环绕一样"。又指出,它的地理位置"在西藏尼泊尔交界处的最为罕见而稀有的地区",而且是"浑然天成的财宝之地"。

◀ 图3-32

喜马拉雅长寿五姊妹唐卡

(洛桑·灵智多杰 供图)

《米拉日巴道歌集》里，对喜马拉雅山脉中段珠峰及周边的五座雪山也有详细的记述，把它们统称为"岗屯婷婕穆"，意思是"蓝天女王雪山"，并对它们进行了生动的、具有神话色彩的描绘："直入天空的三角形雪山巍峨高耸，她那像鹏鸟的头部，装饰着水晶饰物，这些水晶饰物闪耀着日月般的熠熠光辉；她的上方飘浮着洁白的流云，她的头部还在云中轻轻摇动；她的下方则镶着五色斑斓的彩虹，其中部的山崖岩石摇曳着碧玉般的眉毛；在她的山脚之下，则遮盖着雾气烟云。"

关于喜马拉雅雪山珠峰及周围五座雪山的名称，《米拉日巴道歌集》里都有正式记载：祥寿仙女（马卡鲁峰，海拔8463米，藏语称之为白色女神）、翠颜仙女（洛子峰，海拔8516米，藏语称之为青色女神）、贞慧仙女（珠穆朗玛峰，海拔8848米，藏语称之为"金色女神""第三女神"）、施仁仙女（章子峰，海拔7543米，藏语称之为绿色女神）、冠咏仙女（卓奥友峰，海拔8201米，藏语称之为珊瑚女神）。书中用"长寿五姊妹"命名五座雪山，长寿五姊妹是喜马拉雅雪山的象征，她们居住在雪山脚下的白、青、金、绿、红五色冰雪湖里。

我国政府对喜马拉雅山的认识，从18世纪初开始。1717年，中国测量人员在珠穆朗玛峰地区测绘地图，正式发现了它是世界上最高的山峰。

1721年，清政府编绘的《皇舆全览图》采用"朱姆朗马阿林"这个名字来命名珠峰，并精确地标出了其具体位置。"朱姆朗马阿林"是藏满语音的合译："朱姆朗马"系藏语，是该地区人民对此山的称呼；"阿林"系满语，意为"山"，属于后来加上去的。这是珠穆朗玛峰最早的汉译名称。

1748年，清朝政府出版的《乾隆内府舆图》中，将"朱姆朗马阿林"改为"珠穆朗玛阿林"。到了清朝同治年间，《皇朝大清一统舆图》中，"珠穆朗玛阿林"又被标作"珠穆朗玛山"。

在1852年，担任英属印度测量局局长的埃弗勒斯（George

Everest），在未经清政府许可的情况下，擅自对喜马拉雅山进行测绘。1856年，时任英属印度测量局局长，宣称他们"发现"了喜马拉雅山的最高峰，并以"埃弗勒斯"命名。虽然在1952年中国政府已经恢复了"珠穆朗玛峰"的原有名[1]，但在国际上，除了少数国家外，大多数国家还在沿袭"埃弗勒斯"的说法。

最新测量珠穆朗玛峰高度海拔8848.86米，是世界第一高峰。珠穆朗玛峰，峰高势伟，地理环境独特，峰顶的最低气温常年在零下30—40摄氏度。山上常年积雪不化，冰川、冰坡、冰塔林到处可见。峰顶空气稀薄，空气的含氧量只有东部平原地区的1/4，经常刮七八级大风，十二级大风也不少见。珠峰具有重大的科学研究价值，很早就为人们所注目。由于海拔高、景色奇，冠绝天下，被誉为世界上最大的"高山上的公园"。珠峰自然保护区植物资源丰富，还生活着大量的名贵动物，保护区内高山峡谷和冰川雪峰极为壮观。

珠穆朗玛峰山体呈巨型金字塔状，威武雄壮昂首天空，地形极端险峻，环境非常复杂。雪线高度：北坡为5800～6200米，南坡为5500～6100米。东北山脊、东南山脊和西山山脊中间夹着三大陡壁（北壁、东壁和西南壁），在这些山脊和峭壁之间又分布着548条大陆型冰川，总面积达1457.07平方千米，平均厚度达7260米。

珠穆朗玛峰自被获知以来，陆续不断地有登山队前来攀登，最初以英国居多。1921年，英国登山队第一次登上珠峰6985米的地方，但是他们并没有成功登顶。此后的14年间，英国人八度挑战，有十余人遇难，却没取得一次成功。"珠峰北侧不可逾越"，北侧被喻为神话。

1950年以后，我国西藏地区获得解放，地处西南边防要地的西藏，再也不允许外国登山队任意进行登山活动。从此，外国登山队便改由尼泊尔境内的南坡攀登珠峰。自从1953年5月29日，34岁的

---

[1] 1951年时，地理学者王鞠侯提出应采用"珠穆朗玛峰"之名。1952年，中国政府内务部采用王鞠侯之建议，将"额菲尔士峰"正名为"珠穆朗玛峰"。

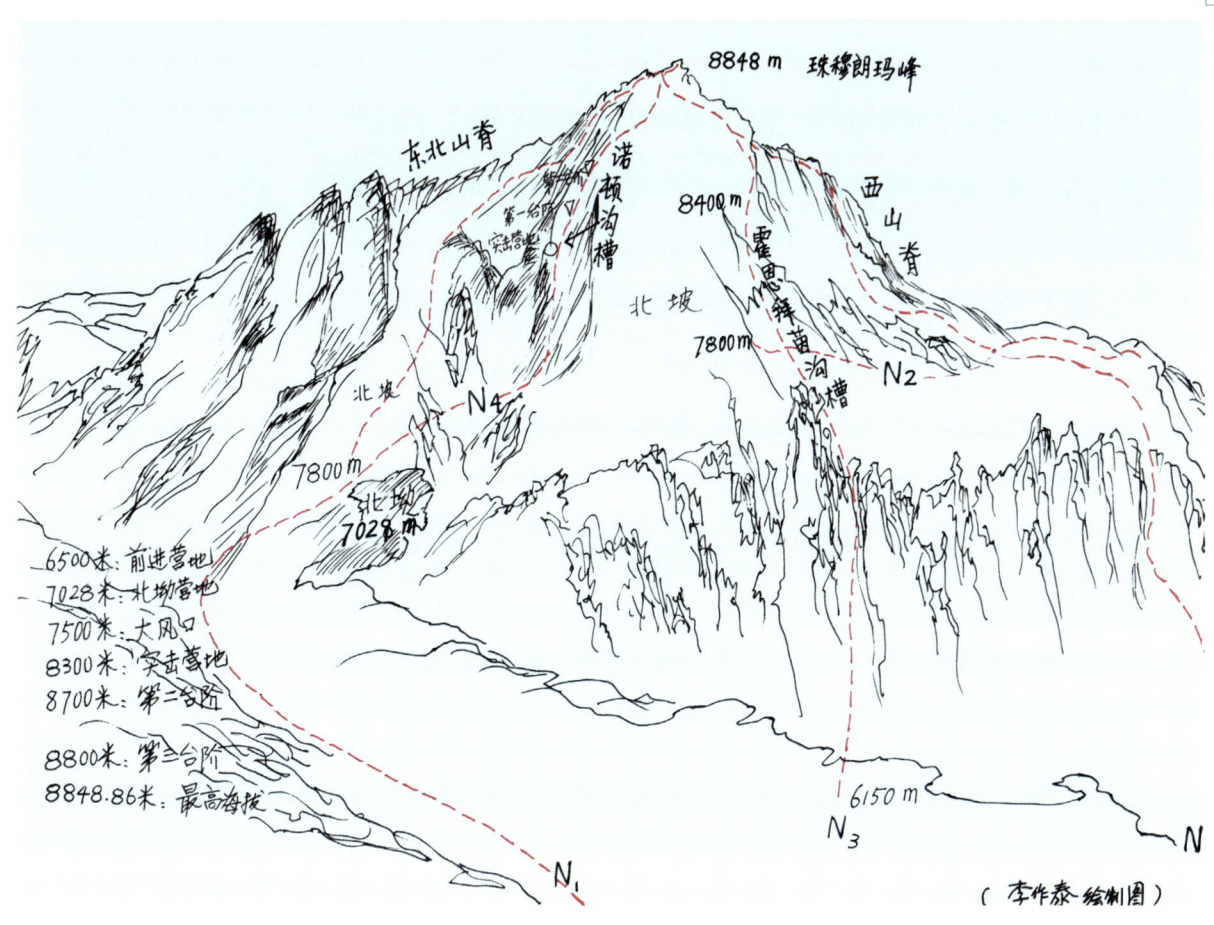

▲ 图 3-33
珠穆朗玛峰之北面攀登路线
（李作泰 绘）

来自新西兰的登山家埃德蒙·希拉里，在39岁的尼泊尔夏尔巴人丹增·诺尔盖向导的扶助下，沿东南山脊路线登上珠穆朗玛峰，实现了人类首次登顶珠穆朗玛峰。从此以后，珠峰热了，登山热了，更多的人不断尝试和挑战登顶珠峰。

攀登珠峰，分为传统的南坡路线、北坡路线以及其他的17条路线，目前，共开辟了19条登顶路线。东北山脊、东南山脊和西北山脊是主峰"分水岭"。

1956年，以阿伯特·艾格勒为首的瑞士登山队在人类历史上第二次登上珠穆朗玛峰；1960年5月25日，中国人首次登顶珠穆朗玛峰，他们是王富洲、贡布（藏族）、屈银华，此次攀登，也是人类首次从北坡攀登成功；1963年，以诺曼·迪伦弗斯为首的美国探险队首次从西坡登顶成功；1975年，日本人田部井淳子成为世界上首位从南坡登上珠穆朗玛峰的女性；1978年，奥地利人彼得·哈贝尔和意大利人赖因霍尔德·梅斯纳首次未带氧气瓶登顶成功；1980年，波兰登山家克日什托夫·维里克斯基第一次在冬天攀登珠穆朗玛峰成功；1998年，美国人汤姆·惠特克成为世界上第一个攀登珠穆朗玛峰成功登顶的残疾人。

截至2020年2月，共有4469人成功登顶7646次，有395位探险者遇难，还有些不知名的运动员也有遇难，死亡率14.8%左右。近些年来，由于科技的发展和技术的进步，攀爬珠穆朗玛峰已经安全得多。

2008年5月8日，第29届夏季奥林匹克运动会火炬——祥云，被中国健儿带上了珠穆朗玛山峰，将奥运火炬传递至史上海拔最高的火炬传递站。

但随着游客量增加，珠峰大本营的环境受到严重污染，据定日县珠峰管理局发布的公告显示，从2018年12月5日起，任何单位和个人不得进入珠峰国家级自然保护区绒布寺以上核心区域旅游。

2. 冈仁波齐山

冈仁波齐，藏语意为"雪山之宝"，她坐落于西藏阿里高原的普兰县境内，是冈底斯山脉次高峰，也是主峰，海拔6638米。

从印度创世史诗《罗摩衍那》以及藏族史籍《冈底斯山海志》《往世书》等著述中的记载推测，人们对于冈仁波齐神山的崇拜可上溯至公元前1000年前后。

冈仁波齐神山的历史典故和传说众多，在雍仲苯教中被认为是"九重雍仲山"，在印度教中被认为是"湿婆的天堂"。冈仁波齐并非这一地区最高的山峰，它的地位在于，佛教中最著名的须弥山[1]即指此山。

冈仁波齐逢马年时无比神圣。相传，1042年，即藏历第一绕迥[2]水马年，孟加拉高僧阿底峡从尼泊尔来到阿里。同年，阿底峡尊者从

---

[1] 须弥山，古印度神话中位于世界中心的山，位于小世界（佛教用语）的中央，后来信仰印度教的人，也认为冈仁波齐就是须弥山。

[2] 绕迥是藏历的纪年方法，"绕迥"为藏语音译，以五行与十二生肖结合，六十年为一个周期。第一绕迥，自公元1027年开始兴起，至今已历经十七绕迥。

△ 图3-34 冈仁波齐
（南木加 摄影）

古格（今札达县）前来普兰朝拜冈仁波齐。当阿底峡与随从步行至冈仁波齐跟前时，起初，天空碧蓝如洗，神山如一座银塔直插苍穹；突然，山顶簇拥五彩祥云，云间不时显露佛之真身。冈仁波齐逢马年时无比神圣，再次被验证。

据传说，藏传佛教米拉日巴大师与苯教高僧那若苯琼同时在冈底斯山修炼、传教和斗法。有一次，那若苯琼提出要与米拉日巴比试法术。承诺说："你米拉日巴胜利了，可成为神山主人；败了，则弃佛从苯。"几番比试，都以那若苯琼失败告终。但那若并不服输，提出最后一比：谁先于4月15日破晓登上山顶，谁就当神山之主。米拉日巴表示同意。15日，天微亮，那若苯琼骑神鼓直飞山顶，而米拉日巴仍沉浸在入定中。当那若苯琼快到山顶时，只见米拉日巴腾空而起，箭一般扑向雪峰，一眨眼就飘落在山巅。那若苯琼被米拉日巴身上的佛光弄得眼花缭乱，便连人带鼓跌落下来。他认输并退出了冈仁波齐。至今，冈仁波齐南坡仍清晰可见一道裂痕，据说是那若苯琼跌落时划出。后来，米拉日巴在冈仁波齐的周围指定一座名叫达则勒的山头，作为那若苯琼的修习之地。达则勒从此改称"本日山"。米拉日巴战胜了那若苯琼，也象征着佛教战胜了苯教，取代苯教成为在西藏占统治地位的宗教。这些故事更加给神山圣湖增添了许多传奇色彩。

冈仁波齐之所以被如此多的宗教狂热地崇拜，与其神奇的形状和独特的地理特征有很大的关系。在历史上还有很多探险家、科学家和旅行者，对冈仁波齐进行过多层面、全方位的研究，如2000年6月9日《参考消息》转载俄罗斯《论据与事实》周报第18期报道《西藏的神秘金字塔》——1999年8月至10月，俄罗斯的一批科学家来到西藏，探寻传奇的"上帝之城"，这次考察发现了世界上最大的金字塔群。考察组组长穆尔达舍夫在接受《参考消息》记者采访时谈了这次考察的结果：我们确信在西藏有世界上最大的金字塔群。整个金字塔群非常古老。一提到金字塔，我们就习惯地联想到埃及奇阿普斯金字塔的外形。其实金字塔有不同的形状，墨西哥金字塔及不太有名的埃及左塞金字塔都是阶梯式的。在西藏，主要看到的也是阶梯式的金字塔，而周围的自然山峰都没有这种结构，因此不会将山错当成是金字塔。

后来，由张杨执导的国产影片《冈仁波齐》上映，使冈仁波齐声名大振。现在冈仁波齐确实成了世界旅游目的地、科考胜地。

从自然环境的角度来看，其酷似金字塔的山体，峰顶如七彩圆冠，周围如同八瓣莲花四面环绕，山身如同水晶砌成，形象如此威严神圣。那巨大、圣洁、浑圆、优雅、空灵的造型，无论在视觉还是灵性感受上，都极具震撼力。而西藏人认为西藏高原上的四条圣河（马泉河、象泉河、狮泉河、孔雀河）都源自冈底斯山。这四条大河自阿里出发，向不同的方向，流经不同的地域，奔腾万里后，又重回到同一个归宿——印度洋。这一神奇的事实，好像在冥冥中向世人昭示：这里就是万水之源，世界中心。

▲ 图3-35 冈仁波齐（噶哇扎西 摄影）

3. 念青唐古拉山

念青唐古拉山位于拉萨当雄县境内，主峰海拔7162米，它原来是西藏原始宗教苯教的神山，后来成为藏传佛教的神山。

"念青唐古拉"藏语意为"灵应草原神"，终年白雪皑皑，云雾缭绕，为长江与怒江的分水岭，山体宽约180千米，海拔多在5000～6000米。千古冰川纵横分布，养江育河。在群山环抱中，大小江河，滋原润野。最为著名的长江源流诸水，组成扇形水系，横卧其间，构成20多万平方千米的源流流域，形成地球第三极上罕见的高原源流三角洲。长江和怒江等江河流经之地，养育了居住在各江河流域的数亿民众。

念青唐古拉山神是著名的守护神，是青藏四大念神之首，也是北部草原众神山的主神，受到藏民的敬奉。念青唐古拉古雪山南面山脚下有一著名的湖泊，称为纳木错湖，湖中的神女就是念青唐古拉雪山的妻子。

△ 图 3-36　念青唐古拉山（李子青 摄影）

△ 图 3-37　念青唐古拉山（王士俊 摄影）

4. 墨尔多山

墨尔多山位于四川甘孜藏族自治州、阿坝藏族羌族自治州的大金河和小金河之间，南北走向，跨越丹巴、小金、金川、马尔康，山形逶迤如腾空起舞的龙，盘曲延绵千里。山系俊秀险绝，奇特壮观。横空出世的莽莽雪山，为岷山之源，主体横错在岷山和邛崃山脉结合部。主峰高5105米，在丹巴县境内拔地耸立，高耸入云，为大渡河源头。

墨尔多山风景素以神奇著称，山上有山，山外有山。主峰的广阔四周溪河纵横，山体上高原草地极多，形成了水草丰茂的天然牧场；山腰溪水潺潺、沃土极多；炊烟袅袅的藏族村落撒落山间，一座座苍翠碧绿的藏式碉楼，错落有致；山脚下大河奔流，是农耕业、林果业、药材生产加工业、畜牧业的好基地；农田里盛产青稞、小麦等农作物，满山遍野香柏树林。墨尔多山集天下名山之奇、险，纳大自然之秀美为一体，古今为川西圣山。在青藏高原与喜马拉雅和冈底斯山

▼ 图 3-38　墨尔多山
（万德卡尔 摄影）

齐名，在大神山之列。

墨尔多山是嘉绒地区的一座著名的文化神山。山上共有108个圣景，有墨尔多神殿、墨尔多石笋、神仙洞、神箭穿山岩等名胜，每个风景区都有神奇的传说。墨尔多山是苯教的神山，也是嘉绒藏族文化中心，地处藏族与汉族的结合地带，因此，她本身就是民族和睦的象征和见证。

墨尔多山因有很多苯教和佛教的遗迹，被称作圣地仙山，广受宗教信徒顶礼膜拜、传颂赞扬。墨尔多山神（墨尔多将军神）的坐骑是一匹黑色神骡，四蹄似有飞越千山万水之势，其身着牛绒披挂，头戴白色羊绒毡帽，脚穿鲨鱼皮靴，左手持枪，右手握铁链锤，背有威武旗，面色红润而带有豪气，显得英勇无比，好似英雄格萨尔王，深受当地民众的崇敬。

墨尔多是一座特殊的山，有特殊的祭祀方式。平时也有转山祭祀，但不频繁，每年农历的七月初十——墨尔多将军神诞辰日——是当地的祭山日。当日，各地的百姓都会云集墨尔多庙，参拜墨尔多

▼ 图3-39 墨尔多庙祭祀
（万德卡尔 摄影）

△ 图3-40　墨尔多庙祭祀（万德卡尔 摄影）

将军，进香还愿，转墨尔多神山。七月初十也就成了嘉绒地区一年一度的"墨尔多将军会"，丹巴县的各民族都来这里祭祀，场面异常隆重，是当地独特的节庆。

作为藏族本土宗教苯教最重要的神山之一，在苯教神话中，墨尔多山神是降妖驱魔的英雄和战神。长久以来都流传着墨尔多山神比武称王的故事。至今在墨尔多山的西北面有一雄峰，状如向墨尔多山躬身哈腰拜服似的，就叫寺尔基山。在它的左背面，有一小山峰，状如毡帽，传说为寺尔基在比武争斗中被墨尔多射下的帽子。

墨尔多山神比武获胜后，四周群山山神均佩服墨尔多山神。墨尔多山神便将周围的神统一册封排位，如今的四姑娘山即是当时被册封的"斯左抬柔达"的汉字谐音，藏语意为"保驾山神"。此外，还有将夏羌拉雪山等册封为侍卫的传说。

5. 阿尼玛卿山

阿尼玛卿山，"阿尼"安多藏语的音译，为"祖父、祖先"之意；藏语"玛卿"是"黄河源头最大的山"之意，"玛"指"黄河"，藏语称黄河为"玛曲"，"卿"为"博大、雄伟"，也有"神力无比"的含义在里面。"阿尼玛卿"也可理解为"黄河流经的大神山先祖"。阿尼玛卿山为昆仑山脉东段的中支，位于青海省东南角，平均海拔4000—5000米，长约200千米，宽60千米，冰川57条，面积约126平方千米。主峰玛卿岗日，海拔6282米。

阿尼玛卿山是黄河源头最大的山，呈西东南走向，中国第二大河黄河在此处来了个180度大拐弯后向东南流去，主峰玛卿岗日由3个海拔6000米以上的峰尖组成，正处在大拐弯中央，主峰周围有17座海拔5000米以上的雪峰突兀在莽莽高原，山上冰雪连绵，终年不化，周围冰川层厚度达数十米，远远眺望，碧云万里，雪峰突兀，宛如水晶玉石，光洁晶莹，十分壮观。此地冰川富集，水资源丰富，冰川融水分别汇入黄河支流切木曲等水系。

▼ 图 3-41　阿尼玛卿山
（张超音 摄影）

△ 图 3-42　黄河源头的阿尼玛卿山（万德卡尔 摄影）

阿尼玛卿雪山脚下是水草丰盛的高山牧场，泉水交错，溪流蜿蜒，灌溉着无数称为"梅朵塘"的草滩。夏季片片草滩上花团锦簇，牛羊成群。主峰东侧海拔4000米生长着茂密的灌木丛，海拔3200米以下是环山的黄河之滨，孕育着片片的原始森林，松杉遍地，古柏参天。阿尼玛卿山周围物产丰富，有珍贵的虫草、雪莲等，高山草甸和森林地带生活着雪鸡、马鸡、雪豹、白唇鹿等珍禽异兽。

6. 苯日山

苯日山位于林芝市巴宜区驻地普拢的东南方，雅鲁藏布江北侧，海拔4615米。这是一座全藏原始苯教推崇的神山。在佛苯之争后，苯教非常荣耀地保存下的一座苯教神山。

传说在此山的佛苯相争中，苯教徒阿穷杰博曾与莲花生大师比试法力，相持不下，莲花生大师自来到雪域以来，每每降伏妖魔，调伏旁教，十分地得心应手。但与苯教首领阿穷杰博斗法中，却遇到了强劲对手。莲花生到雅鲁藏布江和尼洋河的汇合处，调集狂风试图将沿江的村庄和树木一扫而光，阿穷杰博情急之中以巨石压着树木，致使现今这一带树梢还歪斜着。随后两人又在苯日山山脚的古鲁（意为莲花生）村斗法，莲花生欲移山堵截尼洋河摧毁苯日山，但均被阿穷杰博念咒施法一一化解，终未成功。由此，工布地区（今林芝市）的苯教得以保存。

而今苯日神山上仍有大石崇拜、神鸟崇拜、天梯以及神水等传说中的遗迹，还有与苯教息息相关的宗教习俗和说不完道不尽的神话传说。每年"萨嘎达瓦节"，苯教信众都要逆时针围绕神山转经。藏族所有史记中都公认，苯日山是世界上唯一一座由敦巴辛饶、如来佛祖亲自加持的神山，所以至今仍然为藏族加以重视和崇拜。山腰上的雍仲苯教寺庙色迦更钦寺，每年藏历四月三十日都要过一个传统的节日——藏族拜鹰节。

苯日山拥有广阔的森林、优美的风景、优良的习俗，羽毛美丽的鸟类以及各种动物生于其中。此外还有各种树类，如世界柏树之王达拉柏树以及六身柏树等。这里也是雅鲁藏布江、尼洋河等许多著名大河的源头。

此地的风俗习惯、地理环境等，与其他地区大为不同。至今，这座神山上依然存有大石崇拜、神鸟崇拜、天梯等习俗。

第四章
圣水文化

水，均发源于山，从属于山；山是水的母体。山是源，水是脉，没有山就没有水，没有水就没有生命万物。

第一节　江河源头

青藏高原是亚洲的江河源，黄河、长江、澜沧江、怒江、雅鲁藏布江，以及塔里木河、黑河等均发源于此。

1. 黄河

黄河是母亲河、中华民族的摇篮，发源于青海省巴颜喀拉山脉，全长5464千米，流域面积75.2万平方千米，流经青海、四川、甘肃、宁夏、内蒙古、陕西、山西、河南等省区，最后在山东省北部流入渤海。它记载着中华民族的悠久历史，孕育了浩瀚无比的民族文化。

要了解中华文化，不能不了解黄河文化。在她的发源地的藏族人为了呵护她，给她创造了很多动人的故事。黄河藏语叫玛曲，藏文"玛"字有三种解释：一是"伤"或者"疤"的意思，有人讲黄河的

△ 图 4-1　黄河上游曲玛河（李作泰　摄影）

◀ 图4-2 黄河源
（张超音 摄影）

水可以治愈伤痕，所以叫玛曲；二是"玛"字可以解释为孔雀，藏语把孔雀叫玛夏，从巴颜喀拉山顶往下看，黄河源头的星宿海就像一个开屏的孔雀，所以叫玛曲；三是玛曲是阿尼玛卿的女儿，姓玛，所以叫玛曲。

2. 长江

长江发源于唐古拉山脉各拉丹冬峰西南侧，全长6300千米，流域面积178.3万平方千米，年径流量9513亿立方米，流经青海、西藏、四川、云南、重庆、湖北、湖南、江西、安徽、江苏等省（区、市），在上海市流入东海。长江作为世界第三大河，是中国第一大河，她的故事也很多很多。

长江在藏语里叫"治曲"（意为母牦牛河）。据藏族传说，长江是从一个下凡的母牦牛的两个鼻孔里流出来的。源头河流很急，山神尕朵觉悟让她慢慢流淌，不要损伤流域生命环境。她说那好，你给我铺路牵引。尕朵觉悟将母牦牛牵到玉树仲达的一个地方，把她拴在一棵柏树上茶歇，她悄悄地溜走了，河流得很急，尕朵觉悟追到德格的

△ 图 4-3 长江源头
（张超音 摄影）

小苏举境内才抓住，尕朵觉悟生气地责备她，她说没有办法，我就是牦牛的性格，那你给我修一条渠。尕朵觉悟是管矿产、管金子的，就在铺着金子的渠道慢慢把她牵引，因此有一段长江藏族称为金河（曲吾色丹），长江因而被称为金沙江。尕朵觉悟又牵着她一路向东慢慢走，由于行程很长，尕朵觉悟在一个大山脚下找到一块大石，将母牦牛系在石上，自己在不远处坐下进食休息，不一会儿，就迷迷糊糊睡着了，等尕朵觉悟山神醒来时，母牦牛已经逃之夭夭了。因此在尕朵觉悟熟睡的地方，江水流得又缓又静，而离尕朵觉悟较远的地方江水一路奔腾雀跃。后来又有一次溜走，尕朵觉悟又捉住她。就这样跑了三次抓了三次。最后一次又捉住时，尕朵觉悟把她慢慢牵到成都平原让其缓缓前行，滋养中下游的生命万物。长江"三急三缓"的说法由此而来。

在历史上，长江各段名称和别名在汉语里有很多，如沱沱河、通天河、金沙江、长江、川江、荆江、扬子江等，而外国人一直称长江为扬子江（Yangtze River）。

△ 图 4-4 澜沧江源头
（张超音 摄影）

3. 澜沧江

澜沧江发源于青海玉树州杂多县，全长 4688 千米（中国境内 2354 千米），流域面积 79.5 万平方千米（中国境内 16.48 万平方千米）。澜沧江是中国西南地区的大河之一，是条国际河流，中南半岛第一大河。流经青海、西藏和云南三省，出境后称湄公河（Mekong River），流经缅甸、老挝、泰国、柬埔寨和越南，最后在越南南部流入南海。

澜沧江，藏语称"杂曲"或"达曲"（意为月亮河），达曲河有两源：发源于"浩瓦周质"的达纳河和发源于"萨时立山坡"的达嘎河。二水东流，至扎西拉贺寺之西相合，名杂尕那松多。唐时，将澜沧江上游"杂曲"译作"大月河"，将雅砻江上游之"扎曲"译作"西月河"，都是从"达"（藏文"月"的意思）这个词的含义译的，突出"月"意。进入云南傣语称其为"南咪兰章"，"南咪"指江河，"兰"意为百万，"章"是大象，意为百万大象繁衍的河流，汉语就把它音译写成澜沧江。到了境外称为湄公河（Mekong River）。"湄公"（母亲的意思）柬埔寨语，源自傣语"Mae Nam Khong"，意为"高棉之河"，到了越南流进南海有九个入海口，越南就将其称为九龙江（Clru Long Gian）。

4. 怒江

怒江又称潞江，全长 3200 千米（中国境内 2013 千米），流域面积 32.5 万平方千米（中国境内 12.48 万平方千米），中国西南地区大河之一，源出青、藏边境唐古拉山南麓，流经青海、西藏、云南等省（自治区）。出境进入缅甸后称为萨尔温江（Thanlwin River），流入印度洋。

云南省的怒族把怒江称为"阿怒日美"，"阿怒"是怒族人的自称，"日美"汉语为"江"，"阿怒日美"即为怒族人居住区域的江。怒江大部河段奔流于峡谷中，多瀑布险滩，上游河流补给以冰雪融水

▶ 图 4-5　怒江大峡谷
（刘珠明 摄影）

为主，夏季水量丰沛。怒江奔腾咆哮，沿江多急流、险滩、峡谷、溪流、瀑布、翠竹绿林，云雾拥山，景色壮丽，有"东方大峡谷"之美誉。怒江七十二拐和黄河九十九道弯一样享有盛名。

怒江在藏民族和傈僳族中有很多美丽的故事。传说，唐古拉山深处居住着一家神山，那家神山有九个娇如春花媚如明月的姑娘，其中最小的那位叫怒江。她从小就有一个心愿，一定要去东方寻找太阳出来的地方。她不顾家人的反对劝阻，经过一段时间的准备后，在家人目送的泪花中，怒江姑娘毅然踏上了去东方寻找太阳的征程。在路上遇到千难万苦，也遇到了爱情的纠缠，她也曾害怕过犹豫过。有一天到一个叫利沙底的地方时，天突然黑下来，伸手不见五指，她非常害怕，坐在路边双手合十，默默祈愿道：妖魔鬼怪挡不住，太阳月亮快出来，照亮我突破艰难困苦，寻找光明的路！没过一会儿月亮出来了，星星也出来了，更为神奇的是，那出来的月亮[1]就一直挂在高黎贡山的岩壁上，再也没有落下去。怒江姑娘乘着月色疾步向前，鸟鸣鸡叫天亮了，太阳也出来了，怒江姑娘的愿望也就实现了。

5. 雅鲁藏布江

雅鲁藏布江上源出自喜马拉雅山北麓杰马央宗冰川，全长2900千米（中国境内2104千米），流域面积93.5万平方千米（中国境内24.06万平方千米），经喜马拉雅山东端的珞渝地区南流入印度和孟加拉国境内，称布拉马普特拉河，下游注入孟加拉湾。

在古代藏文中称"央恰布藏布"，意为从最高顶峰上流下来的水，是中国海拔最高的大河。

据传说，位于西部阿里的神山冈仁波齐雪山有四个子女，分别是雅鲁藏布江（马泉河）、狮泉河、象泉河和孔雀河，兄妹相约分头出发在印度洋相会，雅鲁藏布江一路颠簸，在绕过999座雪山，穿

▶ 图4-6 雅鲁藏布江
（阿旺洛桑 摄影）

---

[1] 这月亮就是现在的福贡山石月亮。

△ 图 4-7 雅鲁藏布江（唐永强 摄影）

过999条峡谷，历经艰险后来到了工布地区（今林芝市），看到绿色的森林、广袤的草原、鲜艳的花朵，还有"冰山之父"南迦巴瓦大雪山，高兴极了，便放声高歌。这时，一只小鹞子落到江面喝水，雅鲁藏布江问它："喂，朋友，你是从哪里来的？"小鹞子歪着脖子傲慢地回答："我是从印度洋来的呀！"雅鲁藏布江一听，连忙打听："你看见我的弟弟狮泉河和象泉河了吗？还有我的妹妹孔雀河？"其实，小鹞子根本没有到过印度洋，更没见过三兄妹，便撒了一个谎："他们呀，早就到了印度洋。"雅鲁藏布江受这只小鹞子的欺骗，以为三个兄妹早已比他先到了印度洋，于是匆忙中从南迦巴瓦峰脚下掉头南奔，一路的高山陡崖都不能挡住他的脚步，为早日与兄妹们相会，哪里地势陡峭险峻他就从哪里跳下，最终形成了这条深嵌在千山万谷中的雅鲁藏布大峡谷。

雅鲁藏布大峡谷，世界第一大峡谷。据科学考察得到的结论，雅鲁藏布大峡谷是喜马拉雅造山运动和江水冲刷形成的。它又长又深又窄，全长504.6千米，两侧高峰与谷底的相对高差达到6009米，江面最窄处宽度仅35米，可以隔着峡谷交谈，但从这边走到那边却最少也要三天。

雅鲁藏布大峡谷的神奇在于，它为印度洋的水汽穿越喜马拉雅山提供了通道。大峡谷之外，荒山秃岭，雪山高原，翻过山口进入大峡谷地区，顿然是另一番景象。谷底是奇花异草、亚热带雨林，山坡上生长着温带的常绿阔叶林，峡谷的高处则生长着松柏等寒带的针叶树。大峡谷的两边可以说是垂直的自然博物馆，它为人类保留了许多珍稀的动物、植物。由于大峡谷水汽通道带来的水分和热量，造就了藏东南优美的自然环境，被人们誉为"西藏江南"。雅鲁藏布大峡谷是地球上最后一块秘境，这里有世上最纯净的天空、最飘逸的云彩、最雄伟的雪峰、最漂亮的大拐弯、最丰富的宝库。西藏是地球峡谷最多的地区，而雅鲁藏布大峡谷最深。

6. 塔里木河

塔里木河发源于天山山脉及喀喇昆仑山，中国第一大内陆河，全长2179千米（若以最长支流和田河为源，全长2376千米），东西长1100千米，南北宽600千米，流域位于新疆南部、塔里木盆地北部，是环塔里木盆地的九大水系114条源流和塔里木河干流的总称。塔里木河流域地域广大，面积达102万平方千米，占新疆总面积的63%。系叶尔羌河、和田河、阿克苏河等汇合而成，沿塔克拉玛干沙漠北缘，穿过阿克苏、沙雅、库车、轮台、库尔勒、尉犁等县（市）的南部，最后流入台特马湖。

塔里木河河水自古就很不稳定，维吾尔语"塔里木"有"无缰的野马"和"田地、种田"双重含义。

塔里木河流域中保留着世界上面积最大、分布最密集的天然胡杨林区，博斯腾湖镶嵌在流域的东北角，流域东部有神秘的罗布泊洼地，还有天山上的天鹅保护区，等等。人类长期活动造就了流域内丰富的人文景观。主要有从焉耆至喀什长1000多千米的古丝绸之路南道、古楼兰遗址、库车县境内克孜尔千佛洞、喀什市香妃墓以及千百年来少数民族形成风格各异的民风、习俗等。

塔里木河流域历史悠久。千百年来，有关塔里木河的记载不绝于古籍文献，《山海经》记载"河山昆仑，潜行地下，……为中国河"，《汉书·西域传》中记载，塔里木盆地被称作"西域"，其"南北有大山，中央有河，……"，郦道元《水经注·河水篇》、唐代《通典·于阗传》《新唐书·地理志》都有更详细专项的记载。历史上塔里木河流域有九大水系的水均汇入塔里木河干流，由于人类活动与气候变化等影响，20世纪40年代以前，车尔臣河、克里雅河、迪那河相继与干流失去地表水联系，40年代以后，喀什噶尔河、开都—孔雀河、渭干河

△ 图4-8 塔里木河
（胡俊建 摄影）

也逐渐脱离干流。孔雀河通过扬水站从博斯腾湖抽水经库塔干渠向塔里木河下游灌区输水，最终形成目前"四源一干"的格局。历史上塔里木河河道南北摆动，迁徙无定。最后一次在1921年，主流东流入孔雀河注入罗布泊。1952年在尉犁县附近筑坝，同孔雀河口分离，河水复经铁干里克故道流向台特马湖。

作为南疆地区的母亲河，天山以南的绿洲基本都是靠塔里木河水灌溉，是塔里木盆地绿洲经济、自然生态和各族人民生活的保障，被誉为"生命之河""母亲之河"。

7. 黑河

黑河发源于青海海北州祁连县野牛沟乡洪水坝的八一冰川，有大水支流 114 条。全长 821 千米，流域面积 14.29 万平方千米。河源最高峰素珠莲峰海拔 5564 米。因黑河源头植被很好，是黑黝黝的森林和皑皑冰川，流出来的水很干净，水清见底，远看如黑色的飘带，加之汛期有大量泥沙流入，巨浪滔天，故名黑河。黑河古称弱水，也叫甘州河、山丹河、额尔济纳河等，系祁连山内陆水系之一，是仅次于塔里木河的全国第二大内陆河。

藏语称黑河为那曲（藏语称那曲的河流很多），是甘肃河西走廊和内蒙古阿拉善的母亲河，它有着可与"三江"媲美的生态地位。因而将长江、澜沧江和黄河、黑河统称为"二江二河"。

黑河在西北戈壁和沙漠地带发挥着涵养水源、调节气候、防风固沙等多种生态功能。它滋养了河西走廊和额济纳绿洲 14.2 万平方千米的广袤土地，是祁连山南北的"绿色水库"，被称为"命根子""生命线"。中下游群众亦有"祁连山上一棵树，树下一眼泉"，"山上一片林，山下数眼泉。破坏了山上乔和灌，旱了山下米粮川"之说。黑河是祁连山的动脉，是甘肃河西走廊和内蒙古阿拉善的

◀ 图 4-9　黑河
（刘维平　摄影）

母亲河。

　　黑河内陆河养育了祁连山下河西走廊绿洲，也是内蒙古额济纳人民的生命之水。而作为黑河发源地的祁连山脉，更是我国西北地区重要的生态屏障。其涵养水源是甘肃河西五市及内蒙古、青海部分地区500多万群众赖以生存的生命线。是一条富有传奇色彩的河流。

第二节　四条圣河

　　从冈仁波齐发源了四条圣河，造就四条世界级大河，四条圣河流向东西南北四个方向，最终流归于印度洋。因而四条河流发源地备受尊崇。

　　当却藏布（马泉河），为雅鲁藏布江上游，发源于杰马央宗冰川。杰马央宗冰川融水汇集成的河叫"杰马央宗曲"，藏族把杰马央

▼ 图4-10　马泉河
（周焰 摄影）

◀ 图4-11 象泉河
（李灵 摄影）

宗曲源头的冰川形象比作马的两只耳朵，把两条冰川间的小山体比作马的嘴，马泉河的名字由此而来。马泉河水奔流几千里，下游称雅鲁藏布江，至南迦巴瓦峰后折向南流，出境后称普拉马特拉河，注入孟加拉湾。

朗钦藏布（象泉河），是西藏自治区阿里地区最主要的河流，该河是印度河最大支流萨特莱杰河的上游。发源于冈底斯山主峰冈仁波齐神山脚下西北坡兰塔（兰戛）错湖附近的现代冰川，源头海拔5300米。以其源头的山谷形似象鼻、泉口如大象卷水而得名。古老的象泉河在国内汇集大小18条河流，全长309千米，流域面积2.28万平方千米。往西经札达县流出国境，穿越喜马拉雅山，进入印度喜马偕尔邦。象泉河流域是西藏西部最为重要的古代文明发祥地，历史上著名的象雄王国（汉文史书称其为"羊同""女国"等）、古格王国都曾以这一流域为中心创造过辉煌灿烂的文化，对藏族文化的形成和发展都有着极其深远的重要影响。

▶ 图 4-12 狮泉河畔
（陈明芳 摄影）

马甲藏布（孔雀河），恒河上源支流。因源头流自状似孔雀开屏的山谷而获此美誉。发源于喜马拉雅山脉普兰县段的古真拉北方的冰川，源头海拔 5400 米，流经尼泊尔、印度，入恒河，最终注入印度洋。

森格藏布（狮泉河），发源于冈底斯山脉主峰冈仁波齐峰北麓的冰川湖，源头海拔 5164 米，因为源头的地形像一头狮子，有泉水从狮子的口中流出，因而得名。狮泉河是印度河的上源，长 405 千米，流域面积 2.8 万平方千米。

▼ 图 4-13
西藏阿里狮泉河湿地
（贡觉群培 摄影）

第五章
山水传说

藏族神山、圣湖崇拜信仰以其深邃的宗教内涵、奥妙的宗教哲理和生动的活动形式数千年一贯。它是青藏高原独特的文化积淀和人文景观，它不仅从一个侧面展现了雪域圣地传统文化源远流长的发展历史和藏民族对大自然的敬畏崇拜和虔诚信仰，也展现了一幅幅动情的人类追求向往人与大自然、人与世间万物和睦相处的美好意愿，也是藏族人以崇高的信念和虔诚的心灵向自然万物传达着一种纯真的情、一种真诚的爱。

在藏族文化里，大部分山是男性，湖、水是女性。所以，藏族把神山圣湖成双成对编造成夫妻，这样就有了一对对神山和圣湖的爱情故事，或生死相依，或相亲相爱，传说他们中也有风流韵事。他们有很多子女，派到各地区守护一方土地，保护那里的生命万物。

藏北人常以"上部的冈底斯和玛旁雍错，中部的达果雪山和当惹雍错，下部的念青唐古拉山和纳木错"相称，为西藏三大神山圣湖。除此之外，还有乃钦康桑与羊卓雍错，雅拉香波和拉姆拉错，阿尼玛卿和青海湖的爱情传说。

第一节　冈仁波齐山和玛旁雍错

传说冈仁波齐和玛旁雍错是一对夫妇，有很多子女，养育了印度河、恒河和以四大动物命名的河流：狮泉河、象泉河、马泉河和孔雀河。

玛旁雍错藏语意为"不可战胜的碧玉湖"，相传，藏传佛教噶举派祖师米拉日巴大师与苯教高僧那若苯琼为争夺冈底斯圣山时曾在此斗法，米拉日巴获胜而得此名。

关于玛旁雍错的传说亦不胜其多。一说玛旁雍错是特提斯海的女儿，与冈底斯雪山相爱，不幸被点化成湖泊；又说，在很早以前，阿里贡居湖中栖着一条非常大的鱼，一次大鱼游到玛旁雍错，漂浮在湖面，仿佛母亲抱着的婴儿。至今藏族民间称它为母亲怀抱中的碧玉湖，也就是说她是女性或母亲。唐代著名高僧玄奘在其《大唐西域记》中将此湖称作"西天瑶池"，表达了崇敬之情。

▲ 图5-1　冈仁波齐和玛旁雍错（李作泰 摄影）

△ 图 5-2　玛旁雍错（李作泰 摄影）

传说中，玛旁雍错是广财龙神居住的地方。佛教徒认为，玛旁雍错是最圣洁的湖，是胜乐大尊赐予人间的甘露，圣水可以清洗人心灵中的烦恼和孽障。她是象雄雍仲苯教、印度佛教、印度教所有圣地中最古老、最神圣的地方，是尽善尽美的湖。

第二节　达果雪山和当惹雍错

传说达果雪山和当惹雍错是一对和睦恩爱的夫妻，他们一共养育了 9 个女儿，7 个已远嫁他乡，只有两个守在父母身边，在达果神山不远处的两座小雪峰，就是放心不下的女儿。

"达果"和"当惹"都是古象雄语，意为"雪山"和"湖"，它们一个是神山，一个是圣湖，如今只潜伏在西部万里羌塘闻名于世的藏北"无人区"——那曲市尼玛县。

藏北高原的西部是闻名于世的无人区，面积 20 多万平方千米的

双湖、文部地区，平均海拔在 5000 米以上，气候寒冷，空气稀薄，干燥荒凉，被视为生命禁区。那里平均每 6 平方千米才有一个人，然而却是野生动物的天然乐园，在当惹雍错和达果雪山的周围，生长着丰美的水草，还有绿绿的青稞。

当惹雍错是西藏原始宗教崇拜的最大的神湖，西藏苯教三大圣湖之一，紧贴冈底斯山北麓。

达果山一列有七峰，峰顶终年白雪覆盖，如七个戴了白帽的巨人并排站立忠实地守护着当惹雍错。这里山光水色简直就是圣景，它和当惹雍错一起被人们奉为苯教的神山圣湖，其地位与佛教所认为的世界中心的冈仁波齐和玛旁雍错身价相等，且传说湖底是相通的。每年都有不少的信徒来此转山转湖。湖边还保存有一座建于悬崖山洞中的寺庙——玉本寺，相传为苯教最古老的寺庙，玉本寺供奉的是狼面女神，香火旺盛。湖的四边有四个泉池，据说在此沐浴能洗去罪孽与疾病。

传说，当惹雍错的湖主是措敏列吉旺姆，她掌管着这里大大小小

▼ 图 5-3
达果雪山和当惹雍错
（张超音 摄影）

180条江河。2011年,当惹雍错被认定为国家级湿地公园。

其实在5世纪以前,达果雪山和当惹雍错,曾经存在于文明高度发达的古象雄王国。尔后在民间神话和故事中会偶尔被提及,因到过的人少,而默默无闻了。

第三节 念青唐古拉山和纳木错

传说念青唐古拉山和纳木错是一对夫妻,但也有很多说法:第一种说法是纳木错是念青唐古拉山的王后;第二种说法是纳木错是他的明妃;第三种说法,他们俩是情侣关系。又讲,念青唐古拉山是个风流山神,在藏北草原上他追逐很多雪山湖女,当雄的拉姆措达玛和措琼玛,还有羊八井白孜山和尼木县的其姆岗嘎山,都是他的情人。纳木错很生气,经常给他厉害看,所以他就把这些小湖女藏在山谷或草原的深处。当然,纳木错也有很多美丽而忧伤的风流韵事。

因为念青唐古拉山神和纳木错是夫妻,念青唐古拉山神在羊年也要赶到纳木错,与妻子聚会。传说念青唐古拉山曾偷情生下著名的南迦巴瓦峰,为了躲避老婆而不得不把这个私生子偷藏在藏东南。

▼图5-4
念青唐古拉山与纳木错
(张超音 摄影)

△ 图5-5 念青唐古拉山与纳木错（汪秉宁 摄影）

▽ 图5-6 念青唐古拉山及山下的牧场（陈海纯 摄影）

▲ 图 5-7 南迦巴瓦峰
（南木加 摄影）

◀ 图 5-8 纳木错
（张超音 摄影）

藏语"纳木错"是"天湖"之意，纳木错是西藏的"三大圣湖"（羊卓雍错、纳木错、玛旁雍错）之一，为世界上海拔最高的大内陆湖，也是我国第二大咸水湖（实际它的水是半甜半咸的），素以海拔高、面积大、景色秀丽而著称。纳木错犹如镶嵌在草原上的"蓝宝石"。

相传，纳木错的水源是天宫御厨里的琼浆玉液，是天宫神女的一面绝妙的宝镜。藏传佛教认为，纳木错不但是女神秋莫多吉贡扎玛（传说她是位慈善的龙女，庇佑苍生）的居住地，还是金刚亥母（密宗女性神祇，象征超越之前的空行母）仰卧的化身，同时也是密宗本尊胜乐金刚的道场。于是，纳木错成为著名的佛教圣地。

第四节　阿尼玛卿山和青海湖

青海湖，藏语称"错温波"，意为"青色的海"，位于青海省西南部的刚察、海晏、共和、天峻四县境内，我国最大的内陆咸水湖，她像一面巨大的镜子镶嵌在日月山、大通山和青海南山之间。

阿尼玛卿和青海湖生有英勇九男、聪慧九女，众多儿女分布在其他地区，掌管和守护着很多部落。如阿玛索格、阿玛拉坚、宗喀吉日、年宝玉则、玛曲等等。他们都有很多美丽动人的故事，如玛曲（黄河），她是阿尼玛卿的女儿，本想嫁给四川阿坝地区一个叫雪宝顶的神山，为了爱情改变了一直向东的流向直奔南方，到了若尔盖再向前三四千米快要到长江流域时，阿尼玛卿发话让她回头拯救北方干旱的土地和百姓，她毅然决然地放弃爱情调头向北流去。

关于青海湖的传说还有很多。很久以前，这里是一片草原，人们共用的一眼泉，取水后需以石掩盖。不巧有一女性取水后未掩石头，致使泉水泛涌，形成大海。后一菩萨（有说莲花生大师）从印度搬来玛哈代瓦山压住泉眼，这就是如今矗立在青海湖中的海心山。女妖也

图 5-9 青海湖祭海
（李作泰 摄影）

搬来一座山峰（天峻县境内）相击，结果被撞碎，就是现今湖中西南部的孤插山。到了赤松德赞时期，莲花生收服女妖，使其皈依佛法，保护藏土，成为藏地的保护女神。民间传说青海湖里居住着赤雪女王九姊妹神，也有藏文文献中记载湖中住着湖曼秋姆五姊妹。其实，无论哪种说法，青海湖一直被人们尊为神灵加以崇拜。

又有青海湖是女娲补天时遗落的一块蓝宝石的传说，还有汇集108条河流是"西海"（青海湖古称）龙王的传说，还有二郎神与孙悟空大战之咸水湖由来的传说，还有文成公主进藏之日丢下的月宝镜的传说等等。

除了转湖，青海湖畔还有一大重要的宗教文化景观，那就是祭海。千百年来，居住在青海湖地区的民众一直视青海湖为圣湖，有神灵居焉。同时，不少高僧大德也曾在湖中的海心山修行得道。因而，每年人们都要举行隆重的祭海仪式，以祈求神灵保佑风调雨顺、五谷丰登。

民间的信仰逐渐延伸至官方，从清朝起，朝廷开始于每年秋季在青海湖滨正式祭海，派钦差大臣主祭，并召集当地蒙古、藏各部首领会盟。雍正年间，清廷诏封青海湖水神为"灵显宣威青海神"，并用满、汉、蒙古三种文字在海边立碑。这块祭海石碑，成为青海湖地区近300年历史变迁的见证。祭海有一整套法事、仪式，还有专为祭海制作的坛城，祭海的最高潮，是祭祀者向湖中投掷自己准备的祭物。现在，人们一般是献生态宝瓶。由于承载着悠久的历史、厚重的信仰和文化，2008年，青海湖祭海被列入第二批国家级非物质文化遗产名录。

如今，在青海湖北岸的海晏、刚察等县，每年的青海湖祭海仪式都吸引着上千上万的信众和游客。

后 记

本书简要介绍了中华民族山水文化中最为独特的藏族山水文化。藏族人因自己所处青藏高原特殊的地理环境，把自己和山水联系得更加紧密，并以拟人的方法给山水以生命和灵魂，封山水为神山圣湖，并给它们创造了很多有血有肉、丰富生动的传说故事。为了保护山水，藏族人制定了很多规矩和禁忌，如，不能在神山上滥砍滥挖，不能猎杀野生动物，不能污染水源或湖泊，这就起到了保护自然景观、人文景观的作用，使青藏高原成为世界生物资源的富矿区。

近年来，国家非常重视对青藏高原生态环境的保护，2010年中央第五次西藏工作座谈会提出了青藏高原是"两屏四地"（国家安全屏障、生态安全屏障，战略资源储备基地、高原特色农产品基地、中华民族特色文化保护地、世界旅游目的地）的战略定位。2020年中央第七次西藏工作座谈会上提出了要把青藏高原打造为"全国乃至国际生态文明高地"和"保护好青藏高原生态就是对中华民族生存和发展的最大贡献"号召，因此，必须坚持生态保护第一，树立绿水青山就是金山银山的理念，尊重自然、顺应自然、保护自然，建设国家生态安全屏障战略地、人与自然和谐共生示范地、绿色发展试验地、自然保护样板地、生态富民先行地，守护好青藏高原的生灵草木、万水千山。

本书在编写过程中得到了中国藏学研究中心万德卡尔、当增扎西，青海大学才贝教授，摄影家张超音、彭建生、孙岩，北京赞同科技有限公司张治婧等诸多同志的大力支持，谨致诚挚谢意！

李作泰

2021 年 11 月 23 日